第1章　フィヨルドはどのようにしてできたのか？

写真1-4　ニュージーランド南島のサザンアルプスのタスマン氷河。ヘリコプターをチャーターして撮影（2019年撮影）

写真1-6　スイス・ユングフラウヨッホの山麓のU字谷。氷河時代には氷河が流れていた（2017年撮影）

第2章 火山島誕生後、島はどのように森に覆われていくのか？

写真2-3　2018年の噴火により道路を横断している、ハワイ島のキラウエア火山の溶岩流（2019年撮影）

写真2-4　キラウエア火山の1983年から1997年にかけての断続的な噴火による溶岩流が、海に流れ出た場所に生育しているシダ類（2019年撮影）

写真2-6　キラウエア火山の約400年前の溶岩流の場所が灌木帯になっている（2019年撮影）

第3章　砂漠の砂丘はどのようにしてできたのか？

写真3-5　世界でも最も古く（8000万年前）、最も美しいと言われているナミブ砂漠（ナミビア）（2003年撮影）

写真3-6　ナミブ砂漠の海岸部の白い砂丘（2001年撮影）

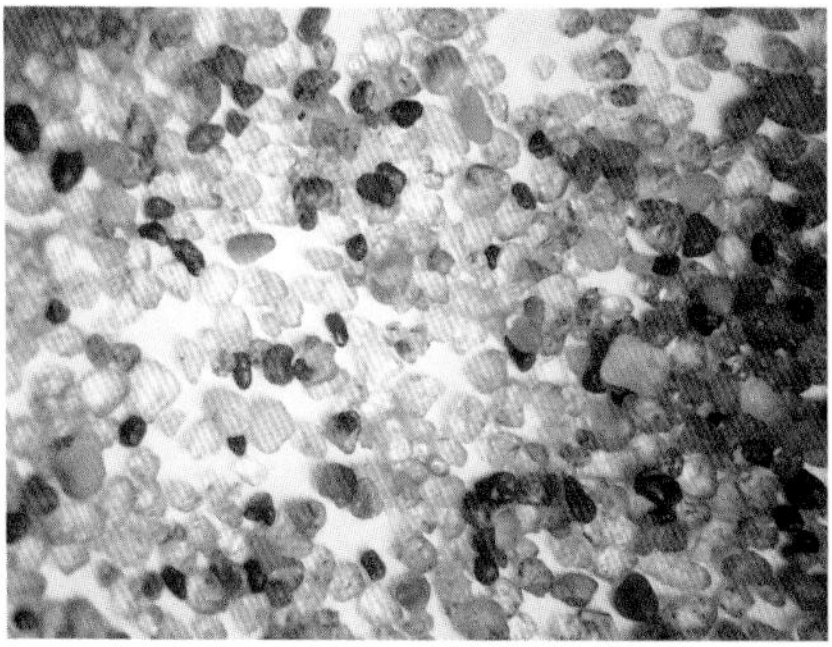

写真3-7　ナミブ砂漠の砂の拡大写真。100％近くが石英の粒で、表面の鉄分の皮膜が酸化して赤くなっていく（2016年撮影）

第4章　温暖化は、高山の氷河や生態系、住民生活にどのような影響を及ぼすのか？

写真4-1　キリマンジャロのキボ峰の山頂のカルデラ内の氷河
(左：1992年撮影、右2016年撮影)

写真4-12　キリマンジャロの氷河から無数に垂れ下がる氷柱《つらら》(2018年撮影)

写真4-17　南アルプスの三伏峠の「お花畑」。森林限界以下でありながら、稜線《りょうせん》の鞍部《あんぶ》という地形のために風が吹き抜けて、森林が侵入しにくい環境となっている(1981年撮影)

第5章

日本の平野に築かれたお城や海外のお城の地形的共通点は？

写真5-2　聖橋から眺める神田川とそれを横断する地下鉄丸ノ内線。
右は中央線の御茶ノ水駅。中央で神田川を渡っているのは東京メトロ丸ノ内線。丸ノ内線は本郷台地のごく浅い所を通るため、開削された神田川を渡る際に一瞬地上に顔を出す

写真5-5　名古屋市のJR千種駅。
熱田台地の掘割の中を電車が走るため、千種駅は周りの地盤より下に位置している

写真5-7　7000年前～4000年前、現在の大阪平野の大部分は河内湾だった。写真は河内湾の名残である深野池

第6章　なぜ、そこに山があるのか？

写真6-3　富士山の森林限界に分布するカラマツの低木（崎尾均撮影）。
近年、森林限界が上昇し、地面を這うように生えていたのが、直立するように変化した

写真6-10　中央構造線安康露頭。
写真中央の岩の割れ目が中央構造線が通っている所で、両側の露頭の色が異なる

写真6-23　アフリカ大地溝帯（東部地溝帯：ケニア）

第7章 なぜ、イースター島、ハワイ、マダガスカルは1万キロも離れているのに言葉が似ているのか？

写真7-1　タヒチ。
裾礁《きょしょう》や堡礁《ほしょう》の島々からなり、サンゴ礁と島の海岸線の間にはエメラルドグリーンのラグーン（礁湖）が広がっている

写真7-2 ラパヌイ（イースター島）。
ほとんど木がなく、海からの強い風や波が吹き付け、サンゴ礁の発達が限られ、断崖絶壁の険しい海岸が続く。かつての森林破壊で島はほとんど草地になっている

写真7-8 マダガスカルで出会った少女の姉妹。
おそらく両親の片方がアフリカ系、片方がアジア系と思われる。マダガスカルではアジア系とアフリカ系の両者の顔つきの人が混在している

第8章 なぜ世界どこでも山が信仰の対象になるのか？

写真8-16　インド・テンバン地区で行われるラスシと呼ばれる山の神への捧げ物を行うポン（ボン）教の祭式の2日目。テンバンゾンの西側の城塞の門からモンパ民族の伝統的衣装をまとった人々が行進をする

写真8-18　シャーマン（角が出ているような帽子をかぶっている人）が山の神を呼び寄せ、山の神に家畜を捧げる儀式が行われている（2011年撮影）

写真8-22　テンバンゾンで行われるポン（ボン）教の祭式ホシナ（2011年撮影）

世界と日本の地理の謎を解く

水野一晴
Mizuno Kazuharu

PHP新書

はじめに

この本は、筆者が子供の頃から今日まで、国内や海外で出くわした、あるいは本などで知った地形や自然、社会で不思議に思ったことや疑問に思ったことを、現地調査や文献調査によって謎解きし、それを記述したものである。「ああ、そうだったのか！」と謎解きできたときの感激をこの本を通して多くの人にも伝え、同じように共感してもらいたいと考えて筆をとった。以下、章ごとに、その疑問や不思議なことについて述べていく。

フィヨルドは雄大な景色を映し出す地形として世界的な観光地となっているが、高校の地理の教科書では簡単に触れられているに過ぎない。それで、その詳しいでき方や実態はよくわからなかった。また、なぜ、北欧の西海岸やニュージーランドの南西岸、南米の南西岸など場所が限定されているのかといった理由や、フィヨルドが断崖絶壁に囲まれ水深が深い理由も当時はよくわかっていなかった。現地に行って、実際に流れている氷河や氷期に氷河によって削られてできたU字谷、そしてそれが沈水してできたフィヨルドを見て、その長い年月の歴史的変遷を実感し、そのメカニズムが理解できたのである。

火山島には豊かな森に覆われた島もあれば、はげ山の島もある。また、島の中でも濃い緑に覆われた場所があれば、地表をわずかな植生が覆うに過ぎない場所もある。火山はいつ噴火するかわからない。しかし、その火山噴火が溶岩を流出させ、森を破壊し覆っていく。その火山の成り立ちや噴火の歴史を見ながら植生の遷移の過程を追っていくと、とても興味深いことがいくつも見えてきた。そこで、筆者が訪れて現地で調査した3つの火山島や火山でそのメカニズムを説明したいと思う。

砂漠を訪れると、どうしてここに砂漠があるのだろう？　この砂漠の砂はどこから来たのだろう？　砂漠の色が場所によって異なるのはなぜだろう？　砂漠なのに普段水が流れていない涸《か》れ川（ワジ）があり、それが時折洪水を引き起こすのはなぜだろう？　砂漠が突然草原に変わるときがあるのはなぜだろう？　砂漠には1000年以上生きる草があるのはなぜだろう？……と、疑問が次々と湧いてくる。そのような疑問を解き明かすため、筆者が約10年間調査を続けたナミブ砂漠の例を取り上げ、その比較で鳥取砂丘についても述べてみる。

筆者は大学での卒業論文で、南アルプスの「お花畑」がどのような環境を受けて立地しているのかを明らかにした。それ以降、修士課程は大雪山で、博士課程では北アルプスや中央アルプスで調査をし、それらをまとめて「日本の高山植生の立地環境（英文）」というタイトルの博士論文で理学博士を取得した。博士号を取得すると、日本と気候環境が大きく異な

たりにした。そこで目《ま》の当たりにしたのはどんどん縮小する氷河だった。否応《いやおう》なしに眼前に温暖化を突きつけられたのであった。この氷河が縮小していけば、その斜面下の植生はどう変化するのだろうか？　温暖化は植生に直接影響を与えているのであろうか？　という疑問がケニア山で30年近く調査を続ける大きな原動力となった。さらに科研費（科学研究費補助金）の研究プロジェクトをケニア山やキリマンジャロ、アンデスで始めると、氷河の縮小は山麓の水環境にも大きく関わり、地域社会にも刻々と影響を及ぼしつつあることがわかってきた。

さらに近年は、シカがどんどん高いところまで上ってくるようになって「お花畑」の植物が食い荒らされ、植生が変化するようになってきた。このような温暖化と氷河縮小、自然や社会の変化を、熱帯高山と日本の高山で述べていきたい。

東京、大阪、名古屋は日本の三大都市圏の中心都市であり、その中心地はお城である。お城を中心に城下町が築かれ、「丸の内」「大手町」「大手前」など、お城に由来する地名に官庁街が立地し、都市は発達してきた。この3つの都市では、どのように自然環境が変化し、地形が変わり、お城が築かれていったのであろうか？　最後の氷河時代である最終氷期が、どのような形で3都市の地形に影響を与え、今の都市の発展があるのかをぜひ知ってもらいたい。そして海外のお城はどのような地形に築かれているのかの例として、ドイツのバイエルン地方の中世のお城の立地をとりあげた。

日本は富士山を代表格として様々な魅力的な山を有する。また、海外に目を向けてもその地にそびえる高峰が山麓住民に畏怖の念を抱かせる存在になっていることが少なくない。それでは、山はどのようにしてできたのだろうか? 山の大きさやでき方は千差万別である。代表的な山や奇妙な山など、いろいろな例を取り上げて、その山の成り立ちや山にもたらされた魅力ある自然を紐解いてみる。

筆者は、タヒチやラパヌイ(イースター島)、ハワイ、ニュージーランド、マダガスカルなどそれぞれ遠く離れた島々を訪れる機会をもったが、ある不思議な現象に気がついた。言葉が非常に似ているのである。言葉だけではない。そこに根付く文化にも共通性が高い。タヒチやハワイの博物館には「あやとり」のやり方の展示があり、ラパヌイでは地元の人があやとりを実際にやって見せてくれた。これらの広大な海を隔てた島々を結ぶ物は船、カヌーであるが、人の移住や文化の伝播の時期には、氷期・間氷期の海面変動とそれぞれの島の成り立ちや標高が大きく関わっていることがわかった。

筆者がアフリカや南米、南・東南アジアなどを訪問すると、山が住民の重要な信仰の対象になっていることに気づかされた。日本では富士山や立山《たてやま》、白山《はくさん》など、古くから山が信仰の対象になってきたが、世界でも同様に古くから山岳信仰が生じ、現在も各地で山を信仰する儀式が行われていることに驚かされた。そこで、世界各地で、どのように山が信仰の対象になっているのかを示してみたいと思う。

以上のような疑問や不思議なことを紐解いていくために、長年かけて写真を撮影してきた。撮影者名や引用先が書いてないものはすべて筆者が撮ったものである。撮影年代を示すことが重要であると考えた章については、撮影年も付した。図表や写真を見ながら世界と日本の地形・自然の謎解きを行っていただき、機会があれば、ぜひ現地を訪れていただきたいと思う。

世界と日本の地理の謎を解く　目次

第4章　温暖化は、高山の氷河や生態系、住民生活にどのように影響を及ぼすのか？
―ケニア山、キリマンジャロ、北アルプス、南アルプス、中央アルプス―

第5章　日本の平野に築かれたお城や海外のお城の地形的共通点は？
―江戸城、名古屋城、大阪城（真田丸）、ドイツの城―

第6章 なぜ、そこに山があるのか？
―富士山、アポイ岳、早池峰山、南アルプス、中央アルプス、北アルプス、丹沢山地、比叡山、比良山地、大文字山、吉田山、ヒマラヤ、エベレスト、キリマンジャロ、ケニア山、ルウェンゾリ山地―

第7章 なぜ、イースター島、ハワイ、マダガスカルは1万キロも離れているのに言葉が似ているのか？

第8章 なぜ世界どこでも山が信仰の対象になるのか？
―御嶽山、愛宕山、ヒマラヤ、ケニア山、アグン山（インドネシア・バリ島）、アンデス―

第1章

フィヨルドはどのようにしてできたのか？

―ノルウェー、ニュージーランド、日本のリアス海岸―

写真1-1　フィヨルド（ニュージーランド、ミルフォードサウンド）（2019年撮影）

ノルウェーのソグネフィヨルドやニュージーランドのミルフォードサウンドなどには世界有数のフィヨルドが見られる。内陸の山岳地まで細長く入り込んだ湾を船で外洋まで航行すると、周辺は切り立った断崖絶壁に囲まれ、ところどころで滝が流れている。このような地形は長大な時間のもと、どのようなプロセスで形成されていったものなのだろうか?

◆アフリカにも氷河はある

現在、中部地方の場合、高度2500m以上の山（北アルプス、中央アルプス、南アルプス）には氷河がつくった地形であるカールやモレーンが存在する。現在の中部地方には高度4000m付近に雪線がある（図1－1）。雪線とは、雪が解ける量よりも雪が積もる量のほうが多い高度の下限を指す。すなわち、雪線より高い山があれば、雪線の高度より上の場所では、雪が解ける量よりも積もる量のほうが多いので、どんどん雪が積もってその自らの

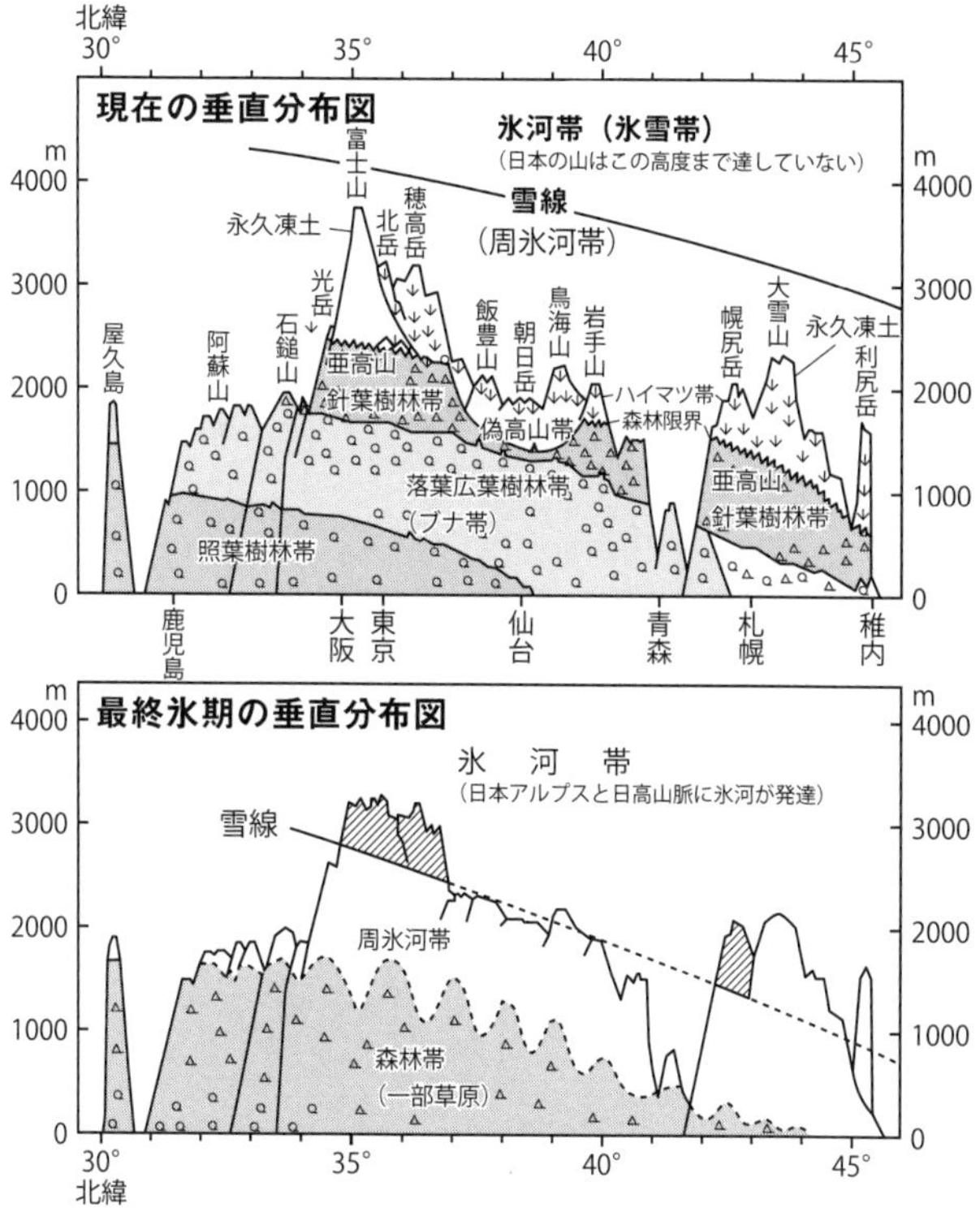

図1-1　現在と最終氷期の垂直分布（小泉・清水 1992）

重みで下のほうから雪の結晶が結合して氷になる。氷は地表を滑るので、徐々に斜面下方に移動する。これが氷河である。その速度は氷河によってさまざまで、一般には1日あたり数十cm～数mであるため、目で見た分には動いているようには見えない。

これまで日本には氷河は存在しないといわれてきた。近年になって立山などで一部の万年雪が氷河ではないのかという見解も出始め、その万年雪が移動しているかどうかを計測中である。万年雪か氷河かは、それが移動しているかどうかにかかっている。

最後の氷河時代である最終氷期（ヴュルム氷期）はいまから1万～7万年前にあったが、その最も寒かった最盛期は2万年前である。2万年前には雪線はいまより1500mくらい下がって、日本アルプスでは標高2500－2700m以上、日高山脈では標高1600m以上には氷河が流れ、氷河地形が形成された。

氷河は流れるときに地面をすり鉢状に削ってカール地形をつくり、その削った砂礫《されき》をブルドーザーのように押し運ぶ。そして、温暖化すると氷河が後退しはじめる。つまり氷河が一番拡大したときの氷河前面に砂礫の高まり、すなわちモレーンを残す。さらに海外のような長大な氷河は谷を削って流れて、谷の断面がU字形のU字谷をつくる。

以上のように、雪線より高い標高に山があればそこに氷河が流れるわけである。高緯度ほど気温が下がるため、雪線の高度は下がっていく。逆に赤道付近の熱帯高山は気温が高いため、雪線高度が高く、そのため、アフリカにはキリマンジャロ（5895m）とケニア山（5199m）、ルウェンゾリ山地（5109m）と、標高が5000m以上の3つの山のみに氷河が存在する。

◆ヘリコプターで氷河に迫る

アルプス山脈最大の氷河はスイスのアレッチ氷河だ。氷河の長さは23kmにおよぶ。その中心部は年180–200mの速度で前進している。最上流部はユングフラウヨッホ（3466m）付近にある（**写真1–2**）。周りをユングフラウ（4158m）、メンヒ（4107m）、アイガー（3970m）の3つの高峰が取り囲むユングフラウヨッホはユングフラウとメンヒを結ぶ稜線《りょうせん》の鞍部《あんぶ》の地名である。ユングフラウ鉄道がクライネ・シャイデック駅からユングフラウヨッホ駅までを結んでいる。標高3454mのユングフラウヨッホ駅は、ヨーロッパで最も標高が高い鉄道駅である。クライネ・シャイデック駅までは、ラウターブルンネンからの西回りか、グリンデルヴァルトからの東回りで登山鉄道が合流している。

アレッチ氷河の下流部（標高約2000m、**写真1–3**）は、リーダーアルプ（1950m）

写真1-2　ユングフラウヨッホ（3466m）から見た、アルプス山脈最大のアレッチ氷河の最上流部（2017年撮影）

写真1-3　アレッチ氷河の下流部（標高約2000mのリーダーアルプ付近）（2017年撮影）

付近にある。筆者がリーダーアルプを訪れた11月は夏季とスキーシーズンの端境期《はざかいき》であったため、ほとんどのゴンドラやロープウェーは運休していて、1つのロープウェーのみが、リーダーアルプに住んでいる住民の生活のために、マッターホルン・ゴッタルド鉄道のローヌ谷麓《ふもと》の駅、メレル駅から動いていた。リーダーアルプからアレッチ氷河の下流部が見られる場所までは夏季やスキーシーズンであればゴンドラが結んでいるが、11月は動いていなかったため、筆者は3時間ほどの雪山登山で到達した（**写真1－3**）。

ニュージーランドでは、南島のサザンアルプスのタスマン山（3497m）と、その南にあるクック山（3754m）の東斜面に沿ってニュージーランド最長のタスマン氷河が南に向かって流れている（**写真1－4、1－5**）。全長27km、幅4kmもあり、最大深度は600mといわれているが、温暖化による近年の後退が著しい。

写真はヘリコプターをチャーターして（乗客は5名まで乗れる）撮影したが、チャーター料は1時間でヘリコプターが約20万円、セスナが約10万円であって、ケニア山の1時間あたりヘリコプター約30万円、セスナ約15万円、キリマンジャロのセスナ1時間半の約30万円より安かった。どこでもヘリコプターはセスナの2倍近いチャーター料がかかるが、現場に近寄ったり、着陸したりすることができ、また速度がゆっくりなので撮影はしやすい。このと

写真1-4　ニュージーランド南島のサザンアルプスのタスマン氷河（2019年撮影）口絵

写真1-5　タスマン氷河の最上流部（2019年撮影）

きは、パイロットに頼んで氷河最上流部に着陸してもらったが、霧が発生してきたため、外に出るまでもなく、すぐに飛び立った。

◆U字谷は氷食によって形成される

氷河は長い年月をかけて非常に緻密《ちみつ》で硬い氷になっているため、その硬い氷の塊《かたまり》が岩盤を削り取って流れ、氷河は急斜面の谷壁と広い谷床をもつU字状のU字谷を形成する。氷河時代が終わって気温が上昇すると、氷河は後退し、氷河が流れた跡のU字谷が現れる。写真1－6はユングフラウヨッホの麓のU字谷である。U字谷にはラウターブルネンの町が広がる。

氷河時代が終わり、氷河が溶けていくと海面が上昇し、海岸付近のU字谷は海水が流れ込んで沈水する。こうしてフィヨルドができていく。多くのフィヨルドは偏西風帯（北緯あるいは南緯30°～60°付近）の西海岸に形成されている（**図1－2**）。冬には陸よりも海洋のほうが暖かく、偏西風はその西の暖かい海洋から水蒸気を吸収して陸に吹き込む。その水蒸気を多量に含んだ偏西風が、スカンディナヴィア山脈やニュージーランド南島のサザンアルプスに衝突し、山の斜面を上って上昇気流となって風上側に雪を降らせる。とくに、スカンディナ

写真1-6　ユングフラウヨッホの山麓のU字谷（2017年撮影）口絵
氷河時代には氷河が流れていた。

写真1-7　U字谷の谷底に広がるラウターブルネン（スイス）の町（2017年撮影）

写真1-8　ミルフォードサウンド（ニュージーランド）付近のU字谷（2019年撮影）

ヴィア半島の西の海洋には北大西洋海流と呼ばれる暖流が、ニュージーランドの西の海洋には、東オーストラリア海流と呼ばれる暖流が流れているので、よけいに海が暖かく、海からの水蒸気量が多いため、偏西風はたくさんの水蒸気を含んでスカンディナヴィア山脈やサザ

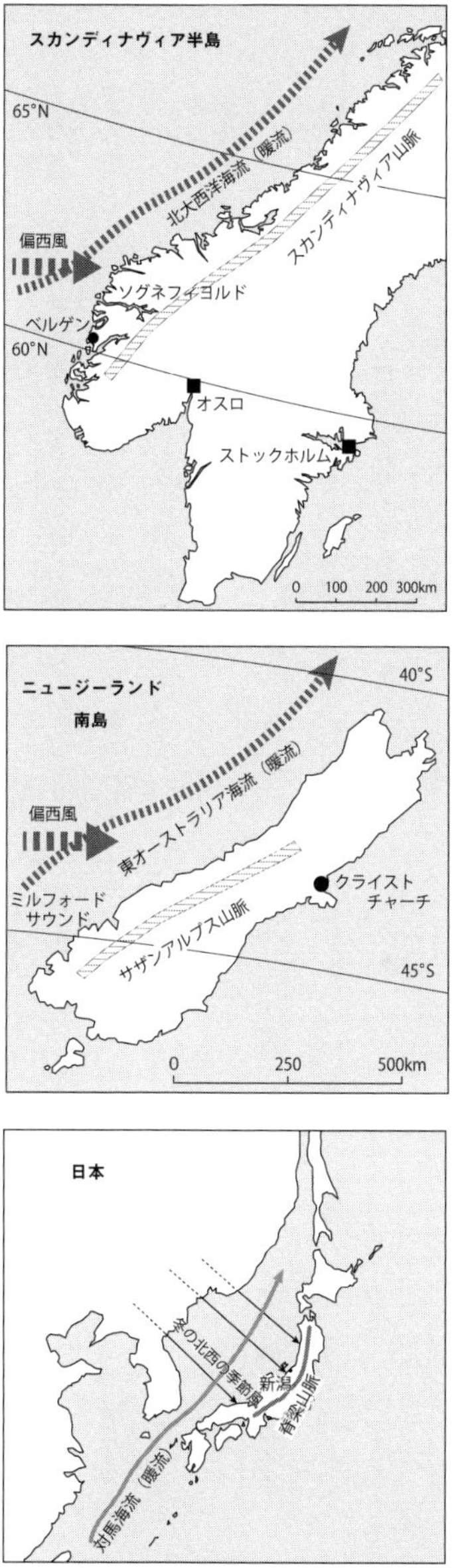

図1-2　スカンディナヴィア半島とニュージーランド南島、日本列島

ンアルプスに衝突し、上昇気流となってたくさんの降雪をもたらすのである。

それでノルウェーやニュージーランドは冬に雪が多くなり、スキーが盛んで、冬季オリンピックでもノルウェーやニュージーランドはスキー競技で活躍する選手が多い。ちなみに西の海から遠い内陸になると降雪量が少なくなる。したがって、ロシアや中国など内陸の国はスケートのほうが盛んで、オリンピックでもフィギュアスケートなどで活躍する選手が多い。北海道でもスキー選手が多く出るのはニセコなど西北海道、スケートが盛んなのは帯広や北見など東北海道である。

冬の日本では、北西の季節風が日本海を渡るとき暖流の対馬《つしま》海流で暖められた海から多量の水蒸気を吸収し、日本の脊梁《せきりょう》山脈（日本列島の背骨のように延びる山脈）にぶつかって上昇気流になり、日本海側に多量の雪をもたらす。

上昇気流があると降水がある理屈も一応述べておこう。空気の密度は地上付近は高く、上空に行くほど空気は薄い。地面や海面が太陽の日射を受けて、地上付近の空気が暖められ、軽くなって上のほうに昇っていく（図1－3）。暖められた空気の塊が上空に昇っていくにつれ、周りの気圧が低いため、空気の塊は膨張する。膨張するエネルギーを熱からもらってくるため、空気の塊の温度は下がる。飽和水蒸気量（1㎥の空気中に含むことのできる最大の

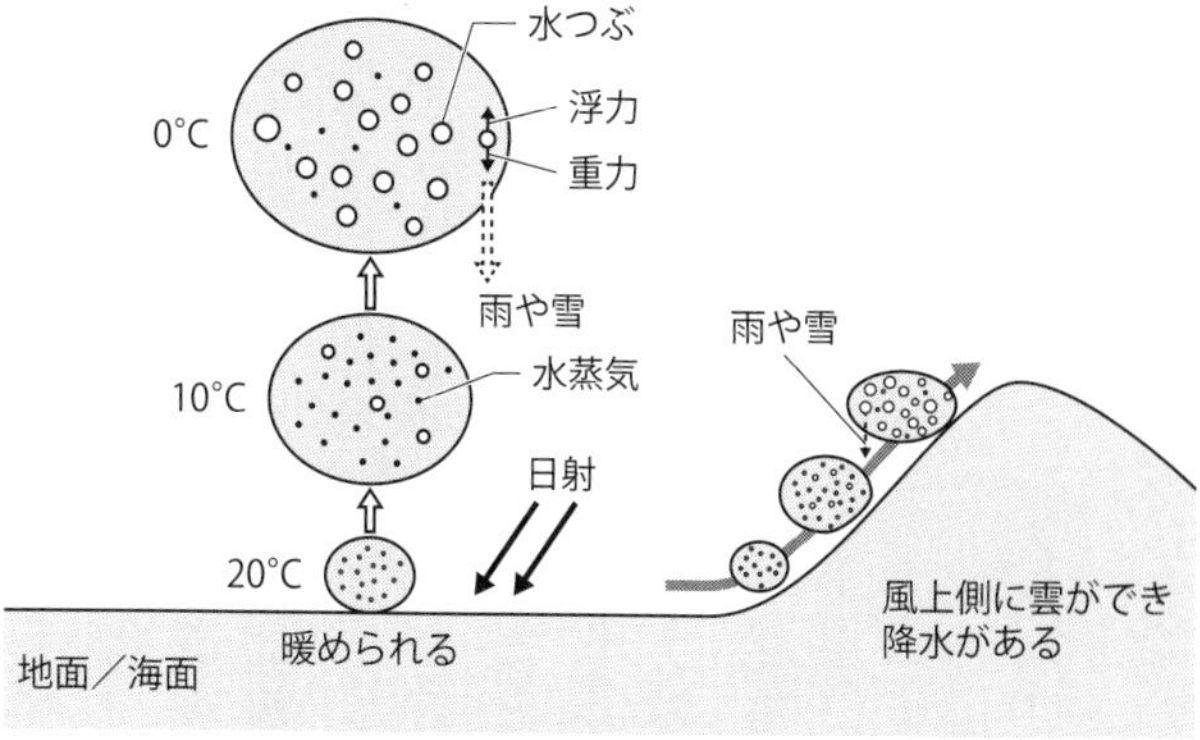

図1-3　上昇気流による雲の形成と降水

水蒸気量）は気温に比例するため、温度が下がるにつれ、空気が含むことのできる水蒸気の量が減って、含むことができなくなった分の水蒸気が水粒として露出する。その水粒が浮いているのが霧や雲である。水粒には下向きに重力、上向きに浮力がかかっており、水粒が大きくなると浮力より重力が勝《まさ》って、水粒が下に落ちてくる。それが雨や雪である。

したがって、水粒が大きな雲は、どんよりとして暗い色をしており、いまにも雨が降ってきそうなのだ。つまり、上昇気流が生じると雨や雪の降水が生じる。逆に下降気流だと、水粒を含む空気の塊、霧や雲も気圧の高い地上のほうに降りてきて、その空気の塊は収縮する。収縮するとエネルギーを放出し、温度が上がって、それだけ水蒸気をたくさん含むことができるため、霧や雲は消えてしまう。つまり、下降気流が卓越する場所は降水が少なく、乾燥する。

飽和水蒸気量は気温に比例するため、夏に海の方から吹いてくる風はたくさん水蒸気を含むことができ湿っている。夏の名古屋は伊勢湾を渡ってきた南東の季節風で蒸し暑い。夏のインドのムンバイもインド洋を渡ってきた南西の季節風で蒸し暑い。また、暖流である対馬海流や北大西洋海流、東オーストラリア海流を横断する冬の北西の季節風や偏西風は、暖流で暖められて水蒸気を多量に含むことができて多雪をもたらすのだ。冬の日本では、対馬海流の流れる日本海を北西の季節風が横断する距離が一番長い新潟付近が、最も海からの水蒸気を含むことができ、降雪が多くなる（図1－2）。

このようにして、偏西風帯の大陸や島の西海岸は多量の降雪量をもち、それによって氷河が発達し、スカンディナヴィア半島の西海岸に世界で2番目の規模のソグネフィヨルドを発達させ、ニュージーランド南島の西海岸でもミルフォードサウンドのフィヨルドが形成された。

◆V字谷が沈水してできたリアス海岸

氷河が削ってできたU字谷が沈水したフィヨルドは日本には存在しない。日本にあるの

写真1-9　ソグネフィヨルド（ノルウェー）（2000年撮影）

写真1-10　ミルフォードサウンド（ニュージーランド）（2019年撮影）

写真1-11　若狭湾（福井県）のリアス海岸（2013年撮影）
谷が沈水して入り江に、尾根が岬になり、それらが連続して鋸の刃のような海岸線をつくる。

は、河川の侵食でできたV字谷が沈水したリアス海岸である。２０１１年3月11日に起きた東日本大震災は、地震によって引き起こされた津波が東北地方の太平洋岸に大きな被害をもたらした。その大きな被害をもたらした一つの大きな要因として、東北地方の太平洋側にある三陸海岸がリアス海岸であるということがあげられる。

谷が沈水してできた入り江を溺《おぼ》れ谷と呼ぶが、壮年期山地の険しい山地が沈水して、海岸線に垂直に尾根が岬、谷（川によって開析《かいせき》されてV字形をしているのでV字谷と呼ぶ）が入り江となって、それが連続して鋸《のこぎり》の歯のような鋸歯《きょし》状となった海岸線をリアス海岸という（**写真１－11**）。水深が深いため良港となり漁業が盛んとなるが、一方、背後に急傾斜の山地がせまり、交通が不便でかつ平地が狭いので大きな貿易港は発達しにくい。

そして海岸線に対して垂直に谷が延び、湾口に比べて奥のほうが狭くなっているため、津波は奥に行くにしたがって高さを増幅させ、大きな被害をもたらす。

スペインの北西岸に位置するリアス地方で典型的な地形が見られるため語源となった。海岸線に対して平行な開析谷が沈水した場合は、ダルマチア式海岸と呼ばれる。こちらはクロアチアのダルマチア地方に見られる。

引用文献

小泉武栄・清水長正編（1992）：『山の自然学入門』古今書院

第2章

火山島誕生後、島はどのように森に覆われていくのか？

―ハワイ、桜島、雲仙普賢岳―

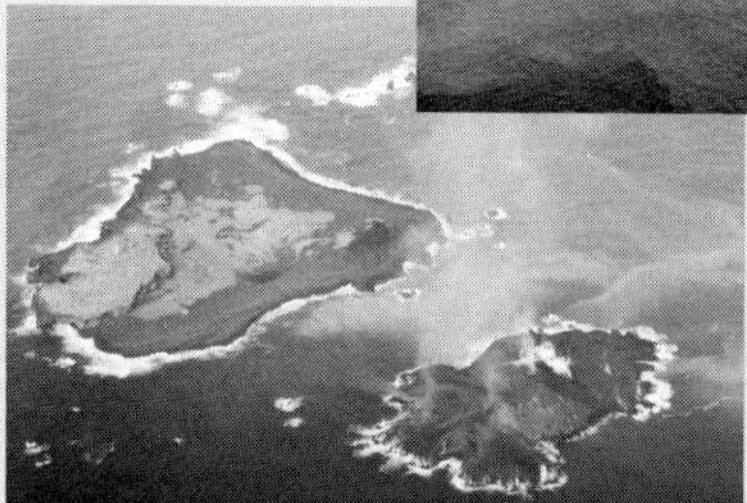

写真2-1　西之島新島の誕生（上：写真提供：朝日新聞社／時事通信フォト、下　写真提供：時事）

海底火山が噴火してその積もりあがった溶岩が海面上に出れば、新しい火山島の誕生である。最近では2013年11月に小笠原諸島の西之島付近で海底火山が噴火して新島が誕生した。誕生時に長さ400m、幅200mであったこの小さな島は、その後噴火活動により拡大し、西之島に接続した。

このように溶岩で覆われていた島は、どれくらいの時間がかかって、どのように緑の森に覆われていくのであろうか？

◆ハワイ諸島はなぜ一直線に並んでいるのか

海底にはホットスポットと呼ばれる、下部マントル付近から上部マントルに向かって定常的に熱い物質が上昇している場所があり、マグマが海底から噴出すると火山島ができる。太平洋には東太平洋海嶺という海底の割れ目があって、そこからプレート（地球表面を覆う厚さ100㎞くらいの岩盤）が生産され、そのプレートはマントルから日本のほうとチリのほうに押し寄せ、それぞれ日本海溝とチリ海溝に沈み込む（図２－１）。

ホットスポットの位置は固定されており、海洋プレートはその上を移動していく。太平洋プレートが平均８㎝／年の速度で西北西に移動し、ハワイのところにあるホットスポットでときどきマグマが噴出し火山島が誕生していった。それにより約６０００㎞にわたってハワイ－天皇火山列が続くことになった。天皇火山列の北西端の火山岩の年代は７５００万年前である。天皇火山列とは、カムチャッカ半島の東から、ハワイ諸島まで連なっている海底山脈を指す。アメリカの海洋学者ロバート・ディーツにより、山々の大部分に天皇に由来した名前がつけられた。

ハワイ諸島では最初にカウアイ島が５００万年前にでき、次にマグマが噴出した３００万年前にオアフ島ができ、さらに２００万～１００万年前にマウイ島、50万年前にハワイ島と約百万年ごとに次々に誕生した。そのため、最後に誕生したハワイ島がハワイでは現在最も火山活動が活発である。プレートは西北西方向に移動しているため、それらのハワイ諸島は西北西方向に一直線に並んでいる（図２－２）。

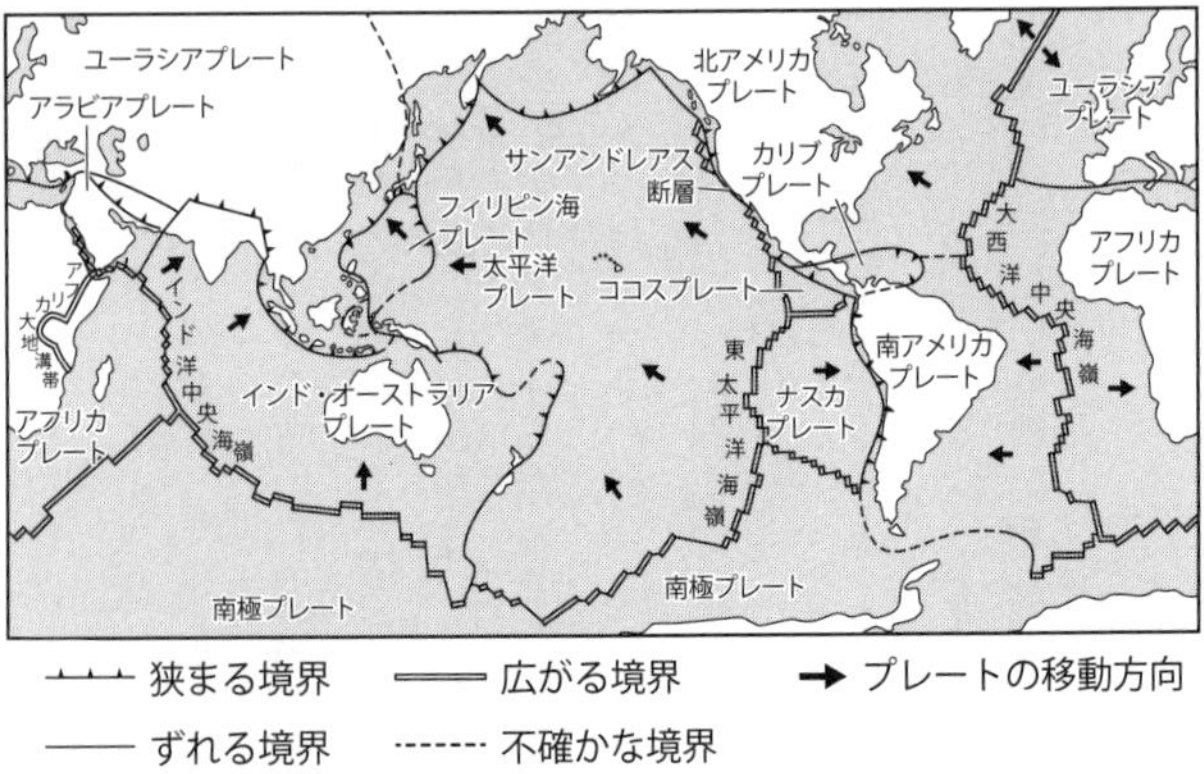

図2-1　世界のプレートとその移動

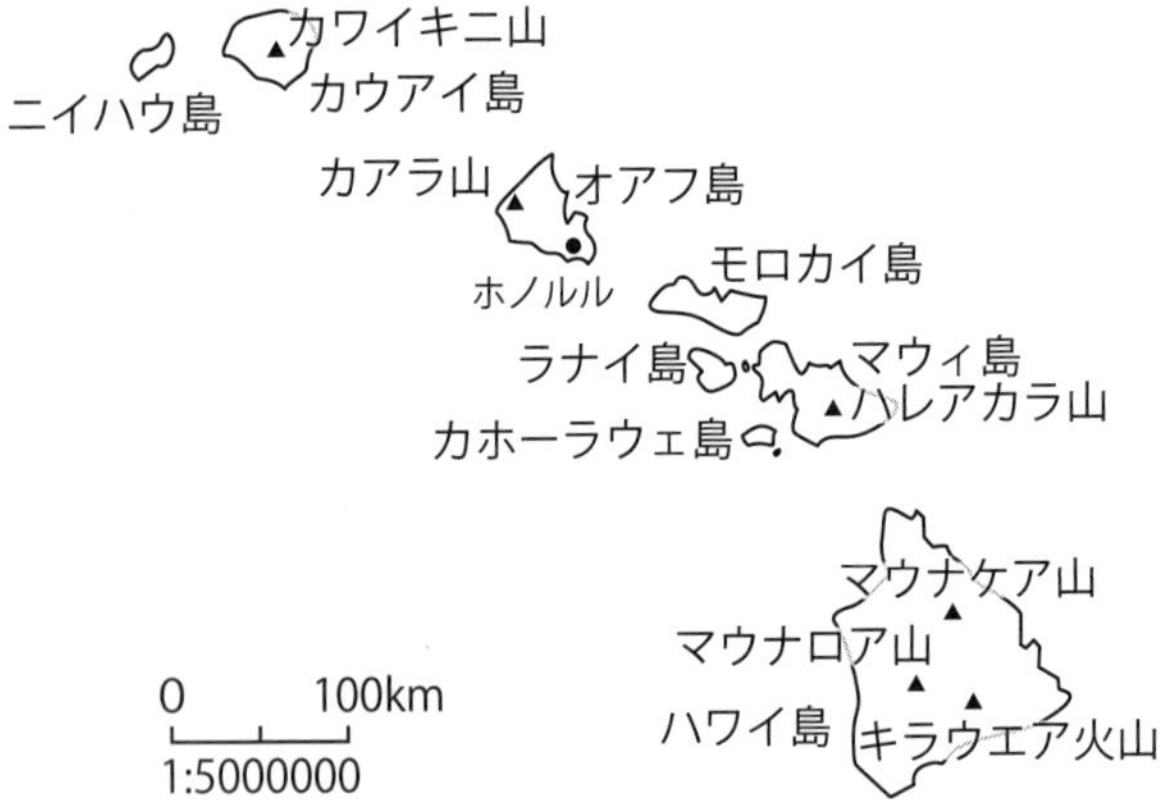

図2-2　ハワイ諸島の配列

◆ハワイ島の溶岩流と植生遷移

ハワイ島のキラウエア火山（写真2－2）は2018年にも噴火により溶岩流が東端部へ流れ出てカポホの集落を破壊し（写真2－3）、カポホ湾を埋め立てた。1983年から1997年にかけて、キラウエアのナパウ火口の近くから断続的な割れ目噴火の活動が始まり、溶岩流がカラパナの集落を埋め尽くして海まで到達した。その溶岩流の割れ目にはシダ類が生育し始めている（写真2－4）。

キラウエア火山の南西側の斜面を占めるカウ砂漠の入り口付近（国道11号線付近）では約400年前の溶岩流が堆積し、そこは灌木帯《かんぼくたい》になっている（写真2－5）。ハワイで「オヒア・レフア」と呼ばれているメトロシデロス・ポリモルファ *Metrosideros polymorpha* はハワイ諸島に特産する小高木で、島ごとに変異が大きく、いくつもの亜種や変種に分けられる。溶岩流の先駆種として知られている（写真2－6）。このように溶岩が流れてから時間の経過とともに徐々に森が成立していくのだ。噴火のあと、400年たってやっと灌木林が成立しているので、高木の森が成立するには、まだまだ年数が必要だ。

写真2-2　キラウエア火山のカルデラ（2019年撮影）
噴煙が見える。

写真2-3　2018年の噴火により道路を横断している溶岩流（2019年撮影）口絵

写真2-4　1983年から1997年にかけての断続的な噴火による溶岩流が、海に流れ出た場所に生育しているシダ類（2019年撮影）口絵

写真2-5　約400年前の溶岩流の場所が灌木帯になっている（2019年撮影）

写真2-6　溶岩流の先駆種として知られているメトロシデロス・ポリモルファ *Metrosideros polymorpha*（2019年撮影）口絵

約400年前の溶岩（写真2−5と同じ場所）に生育していた。ハワイでは「オヒア・レフア」と呼ばれるハワイ諸島に特産する小高木で、島ごとに変異が大きく、いくつもの亜種や変種に分けられる。

◆桜島の溶岩流と植生遷移

鹿児島県の桜島は現在でも噴煙を出している。歴史時代には764年の天平宝字《てんぴょうほうじ》、1471年の文明、1779年の安永、1914年の大正と4回の大噴火を起こしている（図2－3）。大正噴火後わずか1日で黒神《くろかみ》地区にあった「腹五社《はらごしゃ》神社」の鳥居は、軽石や火山灰で高さ3mあった鳥居の笠木《かさぎ》部分約1mのみを地上に見せるまでに埋まってしまった（写真2－7）。1946年の昭和の噴火は溶岩を流したが、軽石の地層をつくるほどの爆発的な噴火は起こしていないので、大噴火とは呼ばれない。噴火して溶岩が流れ出した後、死滅した植物が徐々に復活していき、植生遷移が進行する。

桜島では、火山から流出した溶岩の表面は、夏には58・5℃の高温に達し、雨が降ってもその表面は水を蓄える力がなく乾燥してしまう。このような場所では岩石の表面に定着できる地衣《ちい》類やコケ植物しか育たない。このような地衣類や蘚苔《せんたい》類が多孔質溶岩などに定着し始め、落下する火山灰を集積して、タマシダやイタドリ、オオイタドリなどが侵入を開始する。富士山ではオンタデが群落をつくる。土壌や水分が適当にあれば、クロマツやヤシャブシが直接入るところもある（田川 1982）。

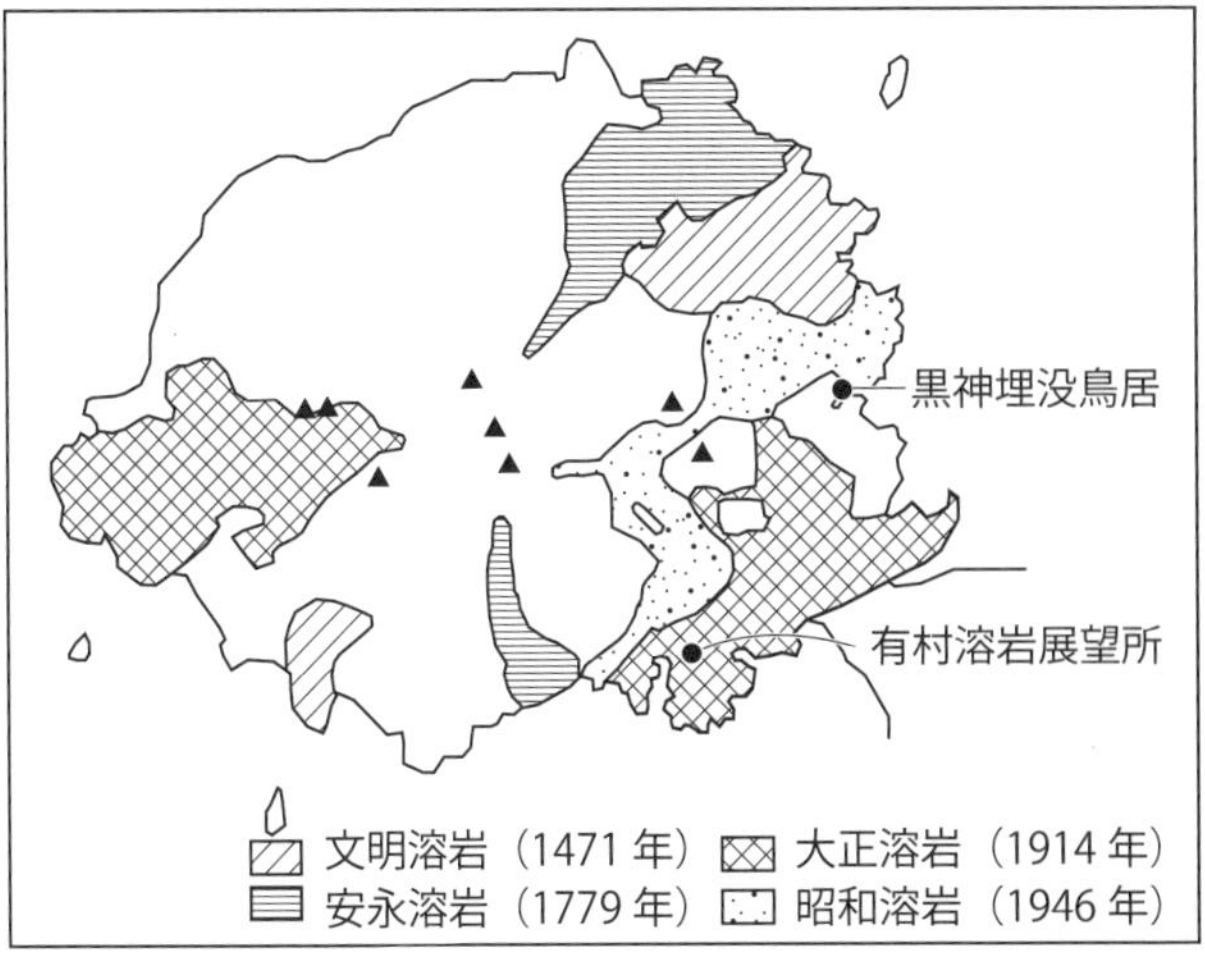

図2-3　桜島と溶岩分布

写真2-7　黒神埋没鳥居（2018年撮影）
大正噴火で2mも埋没した鳥居。

一般的には草本の侵入が始まると同時に、場所によってはそれより前に直接木本が侵入し、定着を始める。海岸近くではクロマツが多く、山奥ではアカマツが多い。

最初には一般に陽樹（生育に多くの光を必要とする樹種）が多く出現、生長する。一方、陰樹（比較的暗い場所でも生育可能な樹種）は光の少ない場所で耐える力があるが、光のあたる場所では陽樹ほど生長が早くないため、陰樹は少ない。

陽樹林が成立しても、森林の第1層を占める陽樹の実生《みしょう》（種子から発芽したばかりの植物）や稚樹《ちじゅ》（若芽から生長したばかりの樹木）は少ない。陽樹林の下層には低木の層が育ち、アカマツ林内にはとくにササの層が多いので、光が不足し陽樹林の優占種であるマツの種子が発芽できず、また発芽したとしても生長が困難なため、実生が見られないようだ（田川 1982）。

陰樹林の林床には多くの陰樹の実生があり、光条件の悪い場所では生育が遅いが、陰樹が倒れた空隙地では急速に生長するので一旦陰樹ができると、火災や伐採がない限り、陰樹林が永続することになる。このような植生を極相と呼んでいる（田川 1982）。

桜島南部の有村溶岩展望所から桜島山頂方面を見ると、大正噴火の溶岩地から昭和噴火の溶岩地を見渡すことができる。手前の大正溶岩のところにはクロマツが生育しているのがわ

写真2-8　有村溶岩展望所から見る大正溶岩地（手前）と昭和溶岩地（2018年撮影）。
陽樹のクロマツが生育しているのがわかる。

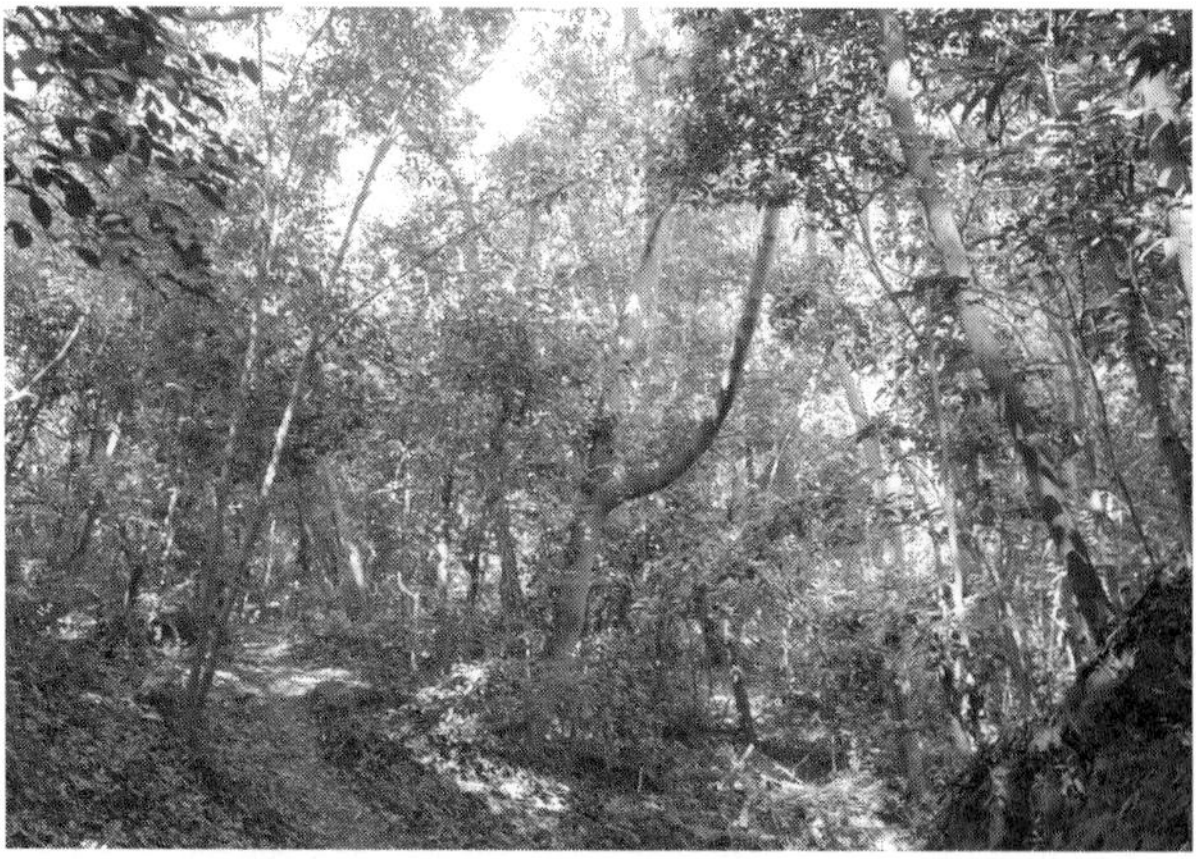

写真2-9　黒神埋没鳥居周辺の桜島では最も古い森（2018年撮影）
自然林（一次林、極相林）のスダジイの照葉樹林が広がっている。

かる（**写真2－8**）。桜島では溶岩流出後50年ほどで陽樹のクロマツが生育し、噴火後約100年で、成長したクロマツが日陰をつくって、徐々に日陰を好む陰樹であるシイやタブノキが生育する。溶岩流出後200年以上経つと、陰樹の森の自然林（一次林、極相林）に遷移する（NPO法人桜島ミュージアム 2011）。このようなシイやカシなどの常緑広葉樹が生育する照葉樹林が、西日本の気候帯で自然の状態で生える自然林（一次林、極相林）である。前述した黒神埋没鳥居の奥には社殿があり、周辺の森は桜島でも最も古い森であり、自然林であるスダジイの照葉樹林が見られる（**写真2－9**）。

◆雲仙普賢岳の噴火による災害と植生変化

長崎県の島原半島の中央に位置する雲仙普賢《ふげん》岳は1990（平成2）年11月17日に198年ぶりに噴火を始めた（**図2－4**）。雲仙普賢岳は1792年の噴火で死者1万5000人と日本の火山災害史上最大の被害をもたらした。この噴火は頂上での水蒸気爆発に始まり、粘り気の強いデイサイト質の溶岩流が3・5㎞流れて約5000人を飲み込み、さらに溶岩ドームが崩壊し、岩屑《がんせつ》なだれが6・5㎞流れ、なだれが海に流れ込んで津波を起こして1万人もの死者を出した。

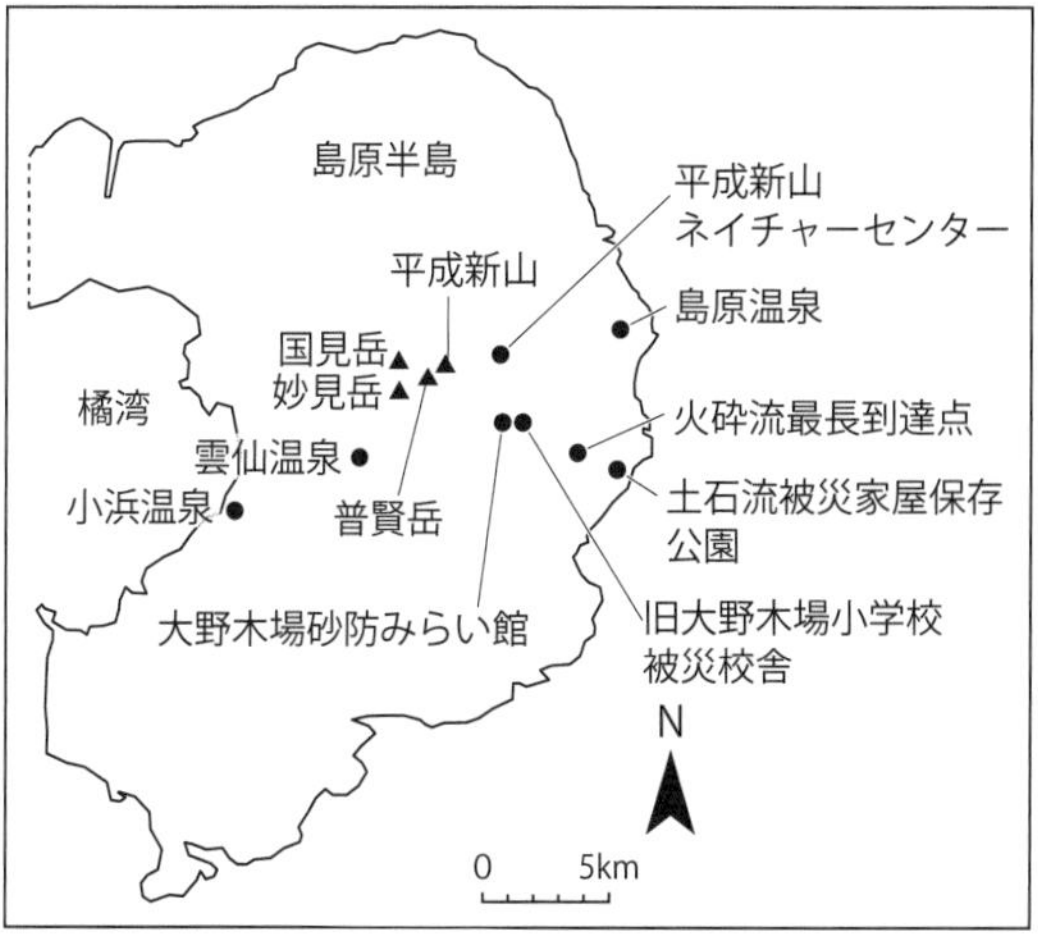

図2-4　島原半島と雲仙普賢岳の位置図

雲仙普賢岳は１９９１年の火山噴火の際に、マグマに押し出された溶岩ドームが崩壊し、その破片が火山ガスとともに山体を時速97㎞、最大１５０㎞ものスピードで流れ下る火砕流となって６月３日午後４時頃に斜面を下り、報道関係者16名、火山学者ら３名、警戒にあたっていた消防団員12名、報道関係者に同行したタクシー運転手４名、警察官２名、選挙ポスター掲示板撤去作業中の職員２名、農作業中の住民４名の合わせて43名の死者・行方不明者を出し、焼けた家屋は約８２０棟、３９０の家屋が消失する大惨事となった（**写真２－10**）。

その後堆積した火山噴出物や火山灰などの火山堆積物が大量の雨が降ることで土石流を

写真2-10　雲仙普賢岳の火砕流（1991年6月撮影）写真提供：時事

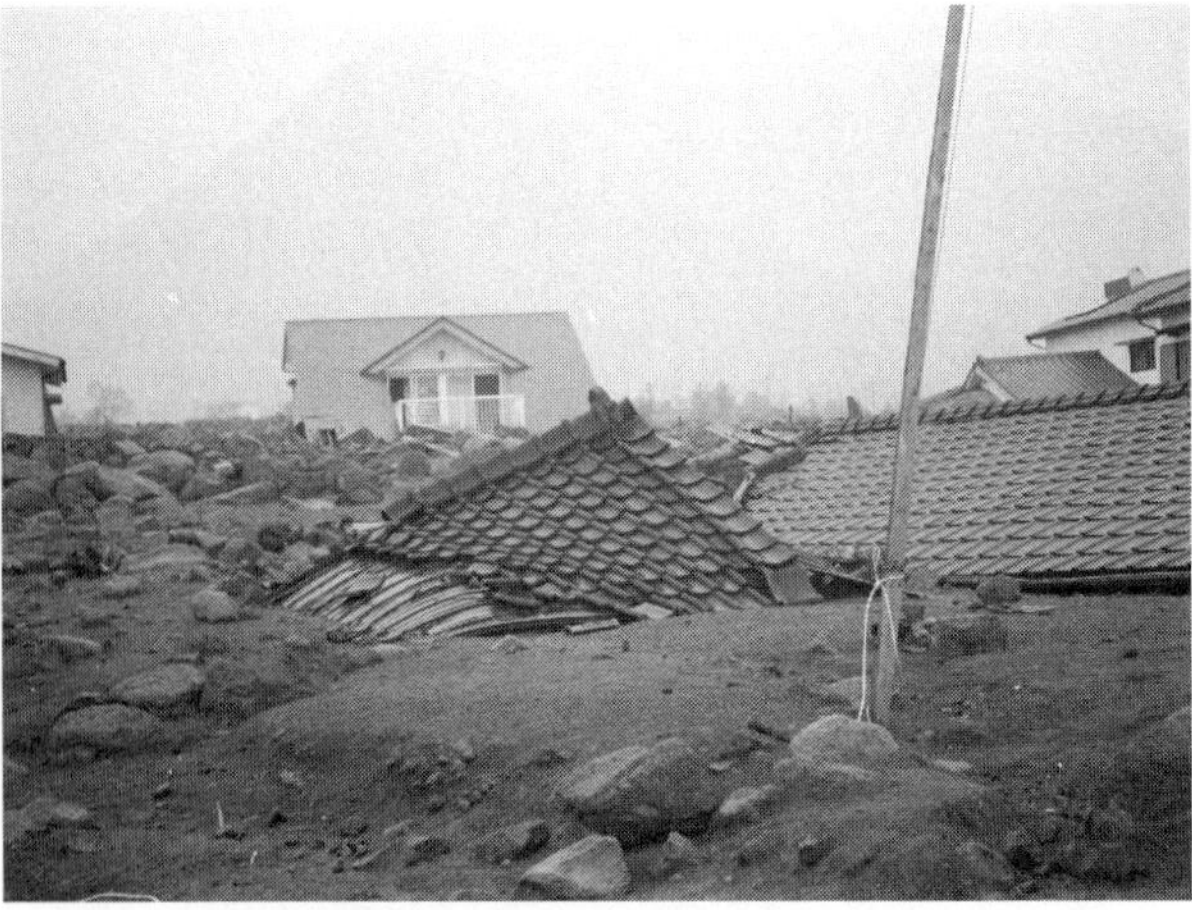

写真2-11　雲仙普賢岳の1991年の噴火の際の火砕流や土石流によって埋まった住居（1994年撮影）

写真2-12　平成新山を遠望する垂木台地の景観（平成新山ネイチャーセンターからの遠望）（2019年撮影）

発生させ、水無川《みずなしがわ》沿いに発生した土石流によって多くの民家が埋没することになる（**写真2-11**）。

その噴火によって平成新山が誕生した。平成新山を遠望できる垂木《たるき》台地は、標高約５５０ｍで、そのほとんどが火砕流による被災地である（自然公園財団２０１４）。平成の噴火の際に発生した火砕流の被害から島原市街地を守った眉山《まゆやま》と、火砕流の発生源となった平成新山の間に位置している。周辺はササや灌木などの荒れ地になっている（**写真2-12**）。

火砕流は火山灰や軽石などがガスと一体になって斜面を流れ下る現象で、ガスの温度は約３００～４００℃、ときには６００℃を超えることがある。垂木台地はこの火砕流によって焼き尽くされて荒涼とした世界になったものの、最初に発芽したのがシマバライチゴなどのキイチゴ類だった。キイチゴ類は種子を地中に休眠させていた（埋土種子《まいどしゅし》）が、噴火によって地表を覆っていた植物が消失すると一斉に発芽した（自然公園財団 2014）。次に、ススキやイタドリなどの繁殖力の強い先駆種が種子を風で飛ばして地表を覆っていった。

エゴノキなどが焼け残った根から新たに再生し、アカマツやアオモジなどの先駆種の樹木も侵入していった。島原の極相林はアカガシやヤブツバキなどの照葉樹林であるが、垂木台地が極相林になるには約800年かかるといわれている（自然公園財団 2014）。

垂木台地の平成新山ネイチャーセンター近くの看板には、「火砕流が発生すると約1分30秒で到達する距離（約2・5㎞）で、センター内ではシェルターが30秒から1分あれば逃げ込める場所に設置してある」と表示されていた。シェルターはセンター周辺に5ヶ所設置されている。

島原半島には普賢岳を横断するように南西から北東に小浜《おばま》温泉、雲仙温泉、島原温泉が位置している（図2-4）。温泉源の深さは小浜温泉が一番深く、雲仙温泉、島原温泉と浅くなっていく。深いほど温度が高いため、小浜温泉の温泉が一番高温である（図2-5）。小浜温泉は橘湾《たちばなわん》に面した海辺の温泉で、100℃前後の源泉を1日8000tも湧出する塩

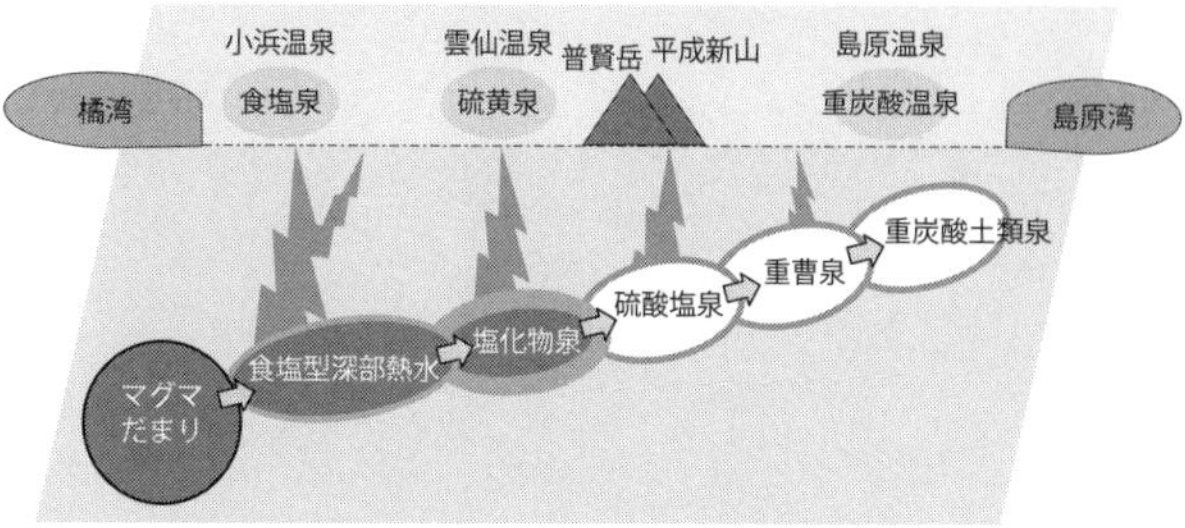

図2-5　雲仙火山の火山性温泉生成系列（雲仙お山の情報館の掲示物を参照して作図）

化物泉（食塩泉）で、国内有数の泉温と放出量を誇っている（島原半島ジオパーク協議会２０１７）。雲仙温泉は、島原半島のほぼ中央に位置する硫酸塩泉（硫黄泉）である。島原温泉は島原半島東側に湧く温泉で、炭酸水素塩泉（重炭酸土類泉）の源泉の温度が20〜40℃程度と低いため、いったん60℃まで加熱して、市内の地下に埋められた約１万mの給湯管を使って浴場やホテル、一般家庭に送られている（島原半島ジオパーク協議会２０１７）。

引用文献

自然公園財団編（２０１４）：『パークガイド雲仙』自然公園財団
島原半島ジオパーク協議会（２０１７）：『島原半島ユネスコ世界ジオパークのことがわかる本』島原半島ジオパーク協議会
田川日出夫（１９８２）：『植物の生態』共立出版
ＮＰＯ法人桜島ミュージアム編（２０１１）：『みんなの桜島』南方新社

第3章

砂漠の砂丘はどのようにしてできたのか？

―ナミブ砂漠、カラハリ砂漠、鳥取砂丘―

写真3-1　ナミブ砂漠のオレンジ色の砂丘列（2016年撮影）

砂漠というと砂丘の砂砂漠《すなさばく》を思い浮かべる人が多いかもしれないが、世界の砂漠のうち砂砂漠は約20％であり、残りの約80％は礫《れき》や岩石で覆われた礫砂漠・岩石砂漠である。砂砂漠の砂丘は海岸から内陸まで何列も、打ち寄せる波のように連なっている。

それでは、このような砂丘列からなる砂砂漠はどのようにできたのであろうか？　また、海外にはオレンジ色や赤い砂丘の砂漠が見られることがある。我々が一般に見る砂は白いのに、なぜオレンジ色や赤い砂丘が広がっているのであろうか？

◆世界で最も美しい砂漠

アフリカ大陸の南西部にナミブ砂漠がある。その起源は８０００万年前といわれ、また世界で最も美しい砂漠ともいわれている。このナミブ砂漠はどのようにしてできたのであろうか？

南半球にあったゴンドワナ大陸が分裂し始め、1億2000万年前にアフリカ大陸と南米大陸が分かれると（図3－1）、その分裂したところの断層崖《だんそうがい》は侵食によってどんどん後退し、いまでは100㎞くらい海岸から内陸に後退している（写真3－2）。

1億年かかって断層崖が侵食によって海岸から100㎞くらい内陸に後退し、高原と低地の砂漠地帯の境界をなしている。この急崖からしばらくは岩石砂漠・礫砂漠が続き、海岸に近づくにつれ、砂丘列からなる砂砂漠に移行する。

図3－2は、斜面発達過程に関する古典的なモデルである。デイビスが示したモデル（図3－2a）は、湿潤地域ではよく当てはまるもので、斜面全体が傾斜を緩めていき、同時に頂部斜面も侵食を受けて低下していく。一方、キングのモデル（図3－2b）は、乾燥地域でよく当てはまるモデルで、斜面は勾配をほとんど変えずに平行に後退していく。同時に斜面下方には、斜面との間に明瞭な傾斜変換点を挟んで緩傾斜の侵食平坦面（ペディメント）が形成される（山縣2005）。これは、降水時に発生するシート状の洪水流によって、斜面上部や斜面下部に堆積した風化物や崩落物が面的に取り除かれるからである。

斜面が平行に後退していくと、結果として平坦な平地の中に、急傾斜に囲まれた孤立丘が取り残される。こうした孤立丘を残丘（インゼルベルク）と呼ぶ。メサやビュートは、この

中生代初期（約 2 億 2000 万年前）

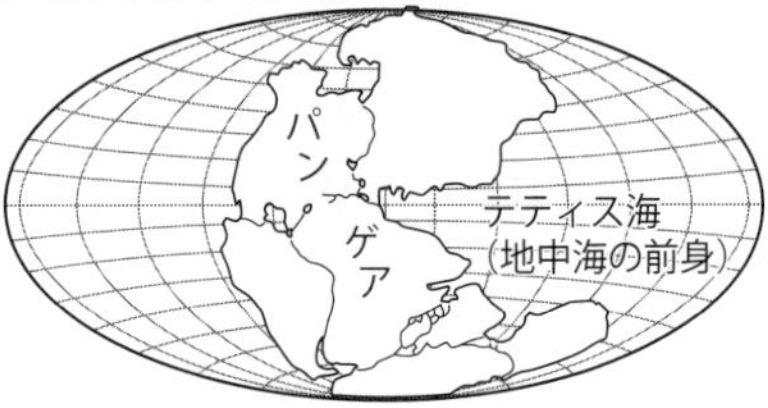

中生代中期（約 1 億 9000 万年前）

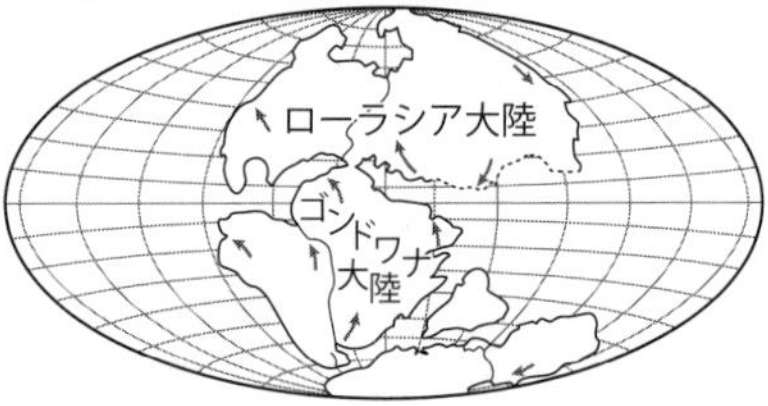

中生代末期（約 6500 万年前）

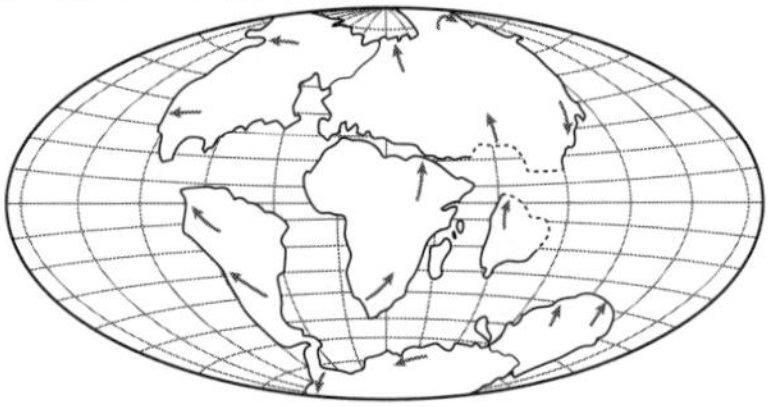

現在

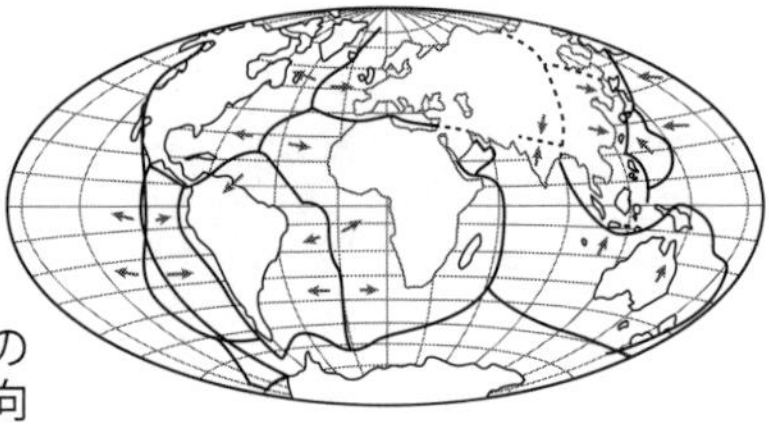

→ プレートの動きの方向

図3-1　大陸移動とゴンドワナ大陸

写真3-2　海岸の低地（ナミブ砂漠）と内陸の高原の境界にあるエスカープメント（急崖）（2001年撮影）

残丘の一種である（**写真3－3**）。メサとは、急な崖《がけ》で囲まれる台状の丘のこと。メサがさらに侵食されたのがビュートである。

海岸沿いにはベンゲラ海流と呼ばれる寒流が流れている。一般には太陽の日射が地面や海面にあたり、地表や海面が暖められ、それに接する空気の塊も暖められて軽くなり、上昇する（**図1－3**）。上昇気流が生じて降水をもたらすのだが、寒流が流れているとそれに接する空気は冷やされ、相対的に冷えて重くなった空気の塊は上に上がっていかない。つまり上昇気流が生じないので降水が乏しく、ナミブ砂漠が形成された。

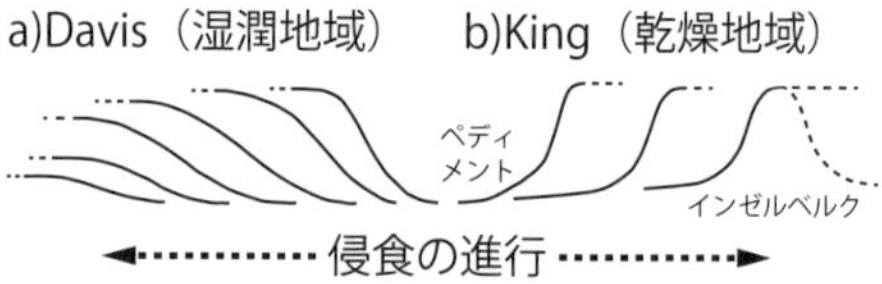

図3-2　斜面発達過程に関する古典的なモデル（山縣 2005）

写真3-3　残丘のメサ（写真左）とビュート（写真右）（2002年撮影）
硬い層が侵食から取り残されてメサやビュートができる。

◆砂丘の形成——白い砂丘から赤い砂丘へ

ナミビアは海岸付近が低地で、海岸から内陸に約１００kmのところで高地になっていて、

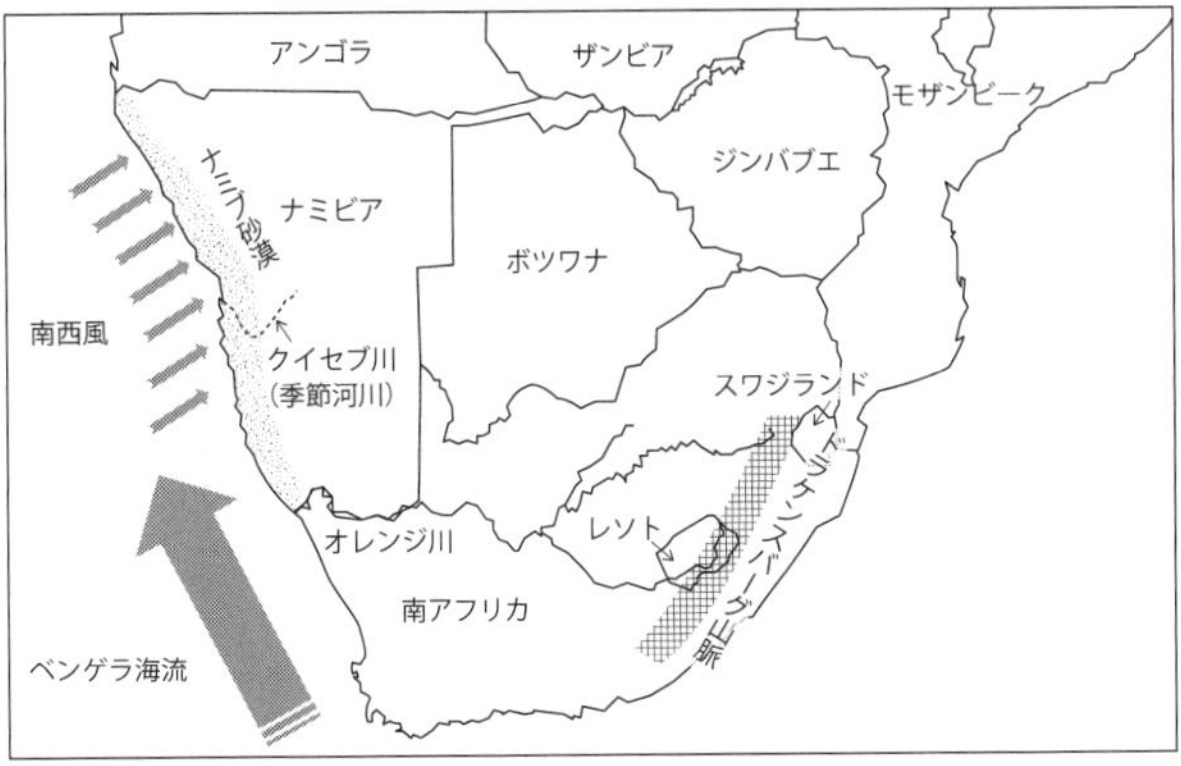

図3-3　ナミブ砂漠の砂丘の砂の供給過程

その境界が急崖になっている（写真３－２）。海岸から急崖までの幅１００㎞くらいの低地には寒流の影響で砂漠が形成された。とくに海岸付近は砂丘列からなる砂砂漠であるが、内陸になると礫砂漠・岩石砂漠である。それではなぜ海岸付近に砂丘があるのであろうか？

何千万年も前から、現在の南アフリカ共和国とレソトの国境にあるドラケンスバーグ山脈（写真３－４）の岩盤が風化して砂が生産され、いまのナミビアと南アフリカ共和国の国境を流れるオレンジ川が上流から砂を運び、河口に三角州をつくった。その三角州が海岸沿いの南からの海の流れで侵食され、砂が北に運搬され、南西からの風で内陸に運ばれる。それがナミブ砂漠の砂丘の砂の供給源となっているのである（図３－３）。湾や海岸からの砂や固まってできた砂岩が削摩《さくま》されてできた砂がさらに現生の砂丘の供給源になっている。

先述した通りナミブ砂漠は世界一美しい砂漠といわれている（**写真3－5**）。海岸付近では白かった砂丘（**写真3－6**）の色が内陸に行くにしたがって赤みを帯びていく（**写真3－**

写真3-4　ドラケンスバーグ山脈（2002年撮影）
急崖が上方のレソトと下方の南アフリカ共和国の国境をなしている。

写真3-5　ナミブ砂漠（2003年撮影）口絵
世界でも最も古く（8000万年前）、最も美しいといわれているナミブ砂漠。

写真3-6　ナミブ砂漠の海岸部の白い砂丘（2001年撮影）口絵

5)。これは砂漠の成立した時代の違いから来ている（水野 2015、2016a、2016b)。

砂丘の砂はほぼ100%が石英の粒だ。石英は硬いので風化の過程で残っていくのである。砂丘の砂を取って拡大鏡で見ると、砂が石英の粒だけからなっているのがわかり、それらは宝石のように見える（**写真3－7**）。石英の粒の表面には鉄分がコーティングされているため、その鉄が霧などで酸化されて酸化鉄になり、錆《さび》のようなオレンジ色の砂丘をつくっている。鉄分を含む鉱物粒子が風化する過程で鉄分が溶出していくのだが、その風化過程には長い年月が必要であり、海から運ばれたばかりの砂でできている海岸部の砂丘は風化がまだ進んでいない。内陸に行くにしたがって海岸部から南西風で移動してきた時間が長く、風化が進んで石英の表面がより多く酸化鉄

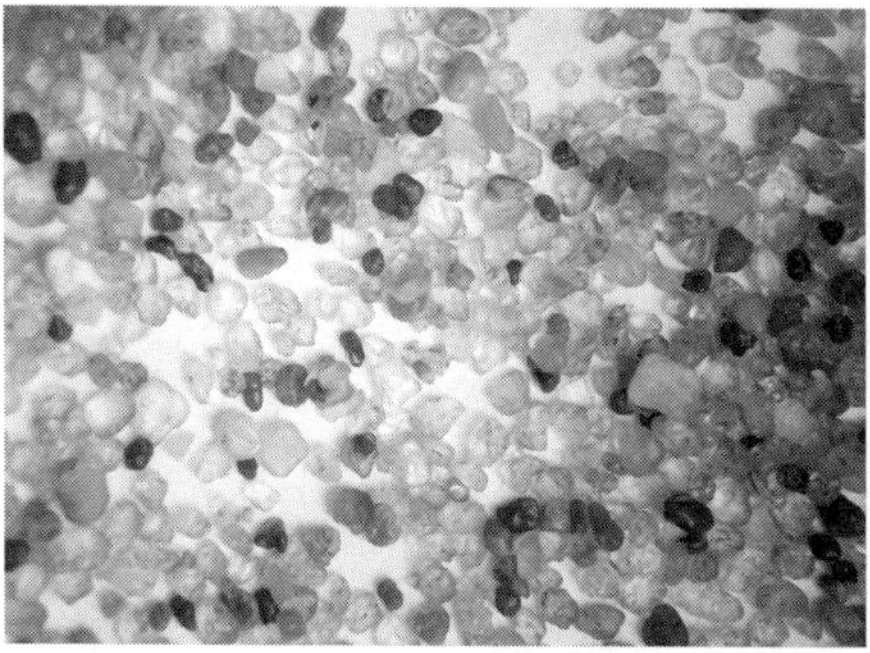

写真3-7　ナミブ砂漠の砂の拡大写真（2016年撮影）口絵

100%近くが石英の粒で、表面の鉄分の皮膜が酸化して赤くなっていく。

の皮膜で覆われ赤くなっていく。それで、海岸部にある砂丘は白いが（写真3－6）、内陸に行くにしたがって赤くなっていくのだ（写真3－5）。

◆「死の谷」で死にかける

ナミブ砂漠に「死の谷」（Deadvlei）と呼ばれる場所がある（写真3－8）。かつてここに水の流れがあった証拠として、パン（浅い凹地《くぼち》）に粘土やシルトが堆積し、そこだけが白くなっている。周りの砂丘の砂は風で運ばれて堆積するが、粘土やシルトは川などの水流で運ばれる。したがって、白い粘土やシルトがあるということはそこに水が流れ込んでいたことになるのだ。

また、ここはかつて水があったときに生きていた樹木が枯れたまま残っている。乾燥して微生物も生息していないため腐らずに残っているのだ。最も古い樹木の幹が約900年前のもので、気候の乾燥化が進む以前の300年間は樹木が生き残っていたと考えられる。つまり現在見られる樹木は約900年前から600年前に生きていた樹木ということになる。樹木はアカシアの木であるアカキア・エリオロバ（*Acacia erioloba*）で、枯れてから長年強い日射にさらされてきたため、樹皮が黒く焦げている（水野 2018）。

写真3－8は、朝日放送の「ワンダーアース4　生き物たちから学ぶこと」（2016年）のナミブ砂漠での撮影に数週間同行したときに撮影したものである。ナミブ砂漠で俳優の金子貴俊さんに動物や植物について説明する役割として渡航したのであるが、この「死の谷」で生まれて初めて熱中症（日射病）にかかり、文字通り私にとっての死の谷になるところであった。太陽の強い日差しを遮るものが一切なく、強い日射は肌を刺すように刺激的だった。

写真3-8　ナミブ砂漠のデッドフレイ（Deadvlei）「死の谷」（2016年撮影）
かつて水の流れがあったころに生育していた約600～900年前のアカシアの樹木が点在する。

◆かつての砂漠「カラハリ砂漠」

ナミブ砂漠の東のボツワナには狩猟採集民のサン（ブッシュマン）の人々が暮らすことで有名なカラハリ砂漠があるが、この「カラハリ砂漠」は砂漠ではなく、背丈の高い草原に疎林や低木が生育しているサバンナである。

ただ、「カラハリ砂漠」が文字通り砂漠であった時代があった。いまから3万〜4万年前には現在のカラハリ砂漠と称している地域より広く、アンゴラ、ナミビア、ボツワナ、ザンビア、ジンバブエ、南アフリカ共和国にまたがって真のカラハリ砂漠が広がり、そのときの砂丘の砂が現在それらの地域にカラハリサンドとして分布している（図3－4）。その頃は現在より乾燥していて広範囲に砂丘が分布していたのだが、その後湿潤化し、それらの砂丘は植生に覆われて固定化され、現在古砂丘となっている（山縣2005、2016）。

この広範囲の古砂丘をつくっている大量の砂は、約2億年前にゴンドワナ大陸が分裂した際に、大陸周縁部が隆起したのに対し、内陸部が相対的に低くなってカラハリ盆地ができ、周囲の高地から大量の砂が供給され堆積したものである。

写真3－9は、ナミビア北東部（図3－4bのエトーシャパンのすぐ東側に分布する東西に延びる砂丘列）のカラハリ砂漠の古砂丘であるが、現在は植生に覆われていて、これがかつての砂漠時代の砂丘であったとは気づきにくい。最初に当地を訪れたときは、東西に何列もある砂丘を横断するように道路が南北に延びていて、道路沿いに車で走ると、何列もの波を越えるように、上ったり下ったりの連続で不思議に思っていた。

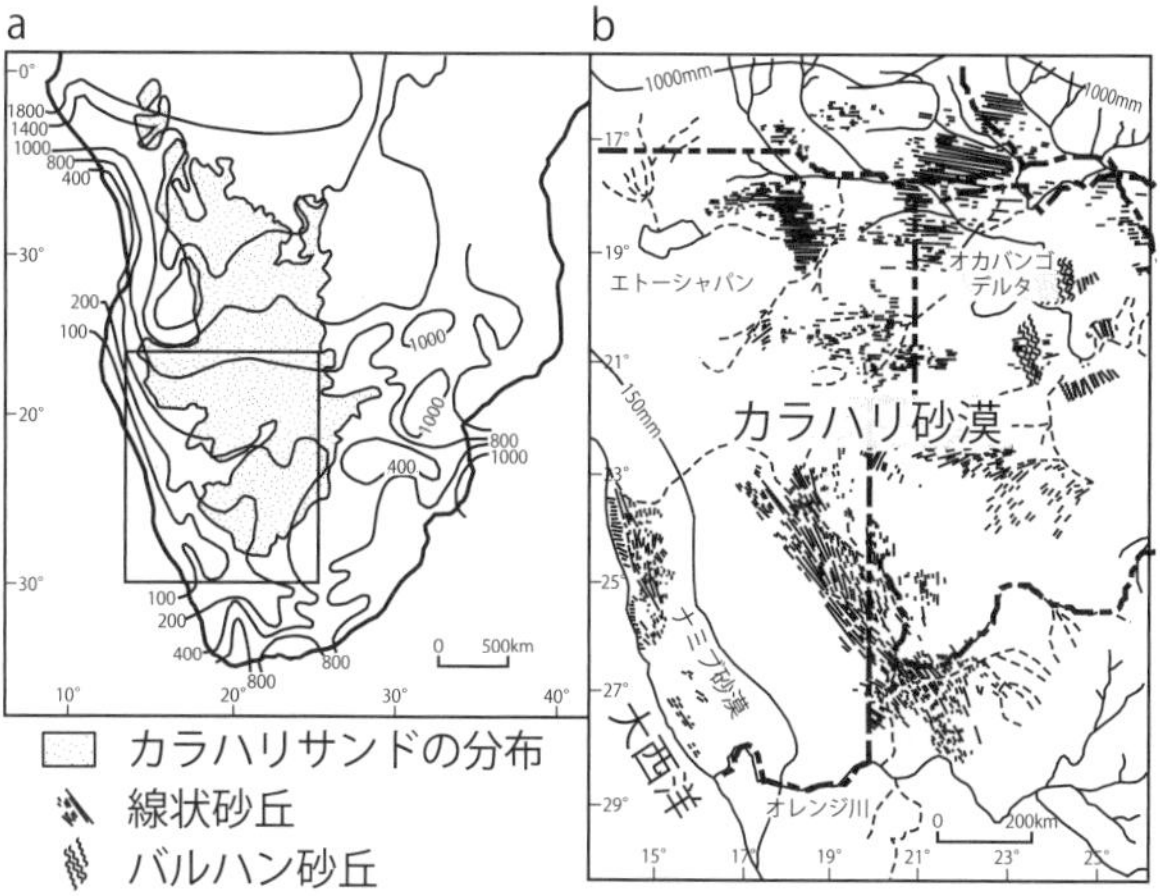

図3-4　南部アフリカにおける年降水量分布とカラハリサンドの分布(a)と古砂丘の分布(b)（山縣 2005、2016）

写真3-9　かつてカラハリ砂漠が本当の砂漠であった時代の古砂丘（前方に左から右に延びている高まり。図3-4bのエトーシャパンのすぐ東側の砂丘列）（2001年撮影）

古砂丘は現在植生に覆われている。南北に延びる道路が、東西に延びる砂丘列を横断している。

◆鳥取砂丘はどのようにしてできたのか

日本で砂丘といえば、鳥取砂丘が代表的だ。鳥取砂丘は日本を代表する海岸砂丘の1つである（写真3－10）。1955年には国の天然記念物に指定されている。それでは、鳥取砂丘はどのように形成されていったのであろうか？

原理的には、鳥取砂丘の形成はナミブ砂漠と同様である。すなわち、中国山地に分布する花崗岩《かこうがん》が長年の間に風化して真砂《まさ》となり、その砂が千代川《せんだいがわ》によって下流に運ばれ、おもに石英からなる大量の白砂が日本海まで運ばれた。一度沖合まで流れ出した砂は、沿岸流によって海岸にもたらされ、その砂が主に北西の風によって内陸に吹き飛ばされて堆積していき、砂丘が形成されていったのである。

かつて鳥取地方は内湾（奥行きのある湾）だったのが、大規模な砂州《さす》（入江の一方の岸から対岸に届きそうに伸びている州《す》）の発達により、潟湖《せきこ》が形成された時代があったようだ。砂州を形成した砂粒の中には細砂～中砂が多く含まれ、飛砂量が増加した。幾度となく訪れた氷河性の海水準変動によって、あるときは砂丘は海岸侵食を受け、あるときには多量の砂が付加されて成長し、縮小－拡大を繰り返して鳥取砂丘は形成されていった（小玉 2010）。

写真3-10　鳥取砂丘（2020年、岸晃宏撮影）
海岸沿いは、コウボウムギの優占する植物群落（ケカモノハシ、メヒシバなども交じる）に覆われている。

　鳥取砂丘に出現する砂丘植物はすべて多年生で、単子葉植物のコウボウムギ、コウボウシバ、オニシバ、ビロードテンツキ、ハマニンニク、ケカモノハシ、双子葉植物のネコノシタ、ハマベノギク、ハマニガナ、カワラヨモギ、ハマボウフウ、ハマヒルガオ、ウンラン、ハマウツボの草本類、そしてハマゴウ、ハイネズの木本植物で、全部でわずかに16種類である（写真3－11、3－12）。しかし、近年、外来植物の侵入による砂丘の草原化が問題になっている。

　コウボウムギは、砂の移動や堆砂にもっともすぐれた適応形態である地下茎と匍匐茎《ほふくけい》（地面を這うつる状の茎）をもち、適度な堆砂があれば、むしろ発達するため、砂丘の健全

写真3-11　鳥取砂丘の植生（2020年、岸晃宏撮影）
中央の背の高い植物がハマゴウ、手前右がケカモノハシ、手前左がコウボウムギ。

写真3-12　ハマベノギク（2020年、岸晃宏撮影）
鳥取砂丘では現在分布が限定的である。

度を測るバロメーターになっている。

日本の砂丘は乾燥地帯の砂丘と異なり、湿潤な環境にある。風の力で砂が飛ばされ、砂丘が移動するため、植物は定着しにくく、砂で覆われた砂丘が成立している。しかし、移動が止まれば植物に覆われていき、砂丘は固定され、砂丘景観は失われていく。

非海浜植物（内陸植物・外来種植物）が優占する群落は、1967年にはほとんど見られなかったが、1979年になると砂丘西側にメヒシバが出現し、1991年には風あたりの強い第二砂丘列の尾根以外の地域でコマツヨイグサやカワラヨモギなどの広大な群落が広がり（永松 2014）、鳥取砂丘の草原化が最も顕著になった。これを受けて、組織的な除草活動が1991年から行われるようになり、鳥取砂丘内の植物分布面積は現在まで一定水準に抑え込まれている。2020年にはハマベノギクやウンランの分布はきわめて限定的だった**（写真3－12）**（岸 2021）。

引用文献

小玉芳敬（2010）：「鳥取砂丘の成り立ち」『パークガイド　鳥取砂丘　山陰海岸国立公園』自然公園財団、25－27
永松　大（2014）：「鳥取砂丘における最近60年間の海浜植生変化と人為インパクト」『景観生態学』

19、15－24
岸　晃宏（2021）：「鳥取砂丘における植生と人為的活動」京都大学文学部卒業論文
水野一晴（2015）：『自然のしくみがわかる地理学入門』ベレ出版、256頁
水野一晴（2016a）：「季節河川と洪水と森林――森林の動態に影響を与える洪水」水野一晴・永原陽子編『ナミビアを知るための53章』明石書店、62－67
水野一晴（2016b）：『気候変動で読む地球史――限界地帯の自然と植生から』（NHKブックス1240）NHK出版
水野一晴（2018）：『世界がわかる地理学入門――気候・地形・動植物と人間生活』（ちくま新書1314）筑摩書房
山縣耕太郎（2005）：「カラハリ砂漠の砂丘の歴史を解き明かす」水野一晴編『アフリカ自然学』古今書院、96－105
山縣耕太郎（2016）：「カラハリサンドと古砂丘」水野一晴・永原陽子編『ナミビアを知るための53章』明石書店、46－48

第4章

温暖化は、高山の氷河や生態系、住民生活にどのように影響を及ぼすのか？

―ケニア山、キリマンジャロ、北アルプス、南アルプス、中央アルプス―

写真4-1　キリマンジャロのキボ峰の山頂のカルデラ内の氷河（口絵）（上：1992年撮影、下：2016年撮影）

現在、アフリカに氷河を有する山は3つだけある。キリマンジャロ（5895m）、ケニア山（5199m）、ルウェンゾリ山地（5109m）である。しかし、温暖化の影響で、その3つの高山から氷河が消滅するのは2020～2030年代と推定されている。熱帯高山の場合、氷河はさまざまな恩恵を地元住民に与えているが、その中でも水資源としての役割は重要である。もし、これらの高山から氷河が消えたら、地元住民にどのような影響が及ぶのであろうか？

また、日本の高山において温暖化の影響はどのような形で及んでいるのか？

◆温暖化とケニア山の氷河の縮小

赤道直下には、独立時にケニアの国名になったアフリカ第二の高峰のケニア山（5199m）がある。近年の温暖化にともなってケニア山最大のルイス氷河は急速に縮小している（写真4-2）。では、ケニア山ではどのように気温が上昇しているのであろうか？

写真4-2　ケニア山最大のルイス氷河（上：1992年撮影、中央：2009年撮影、下：2017年撮影）

図4－1aは、ケニア山の1890m地点で観測された月平均最低気温（日最低気温の月平均値）のグラフである。月平均最低気温のグラフだと季節変化がある。ケニア山は赤道直下にあるため気温の季節変化は小さいが、それでも7～8月が最も気温が低く、1890m地点で約24℃、2～3月が最も高く、約27℃であり、約3℃の年較差《ねんかくさ》がある。

これをさらに年変化で示したのが図4－1bである。これらのグラフから過去約50年間で2℃以上の気温上昇があったことがわかる。

ケニア山第二の氷河であるティンダル氷河は1958～1997年に約3m／年の速度で後退していたが、1997～2019年には約7～18m／年の速度で後退していた。統計分析により、氷河の後退は最低気温の変化と有意な関係にあることがわかった（Mizuno and Fujita 2014）。ティンダル氷河からは1996年にヒョウの遺骸が発見された（写真4－3）。骨と皮の一部を放射性炭素で年代を測ったところ西暦1100年頃のヒョウであることがわかった。

この頃は、日本でいえば平安時代末期にあたる。平安時代は暖かかったものの、徐々に寒い時代に移行し、江戸時代までは寒い時代がおよそ800年間続いた。その寒い時代ではヒョウの遺骸はずっと氷づけになっていたが、近年の温暖化で氷が解けて出てきたことになる

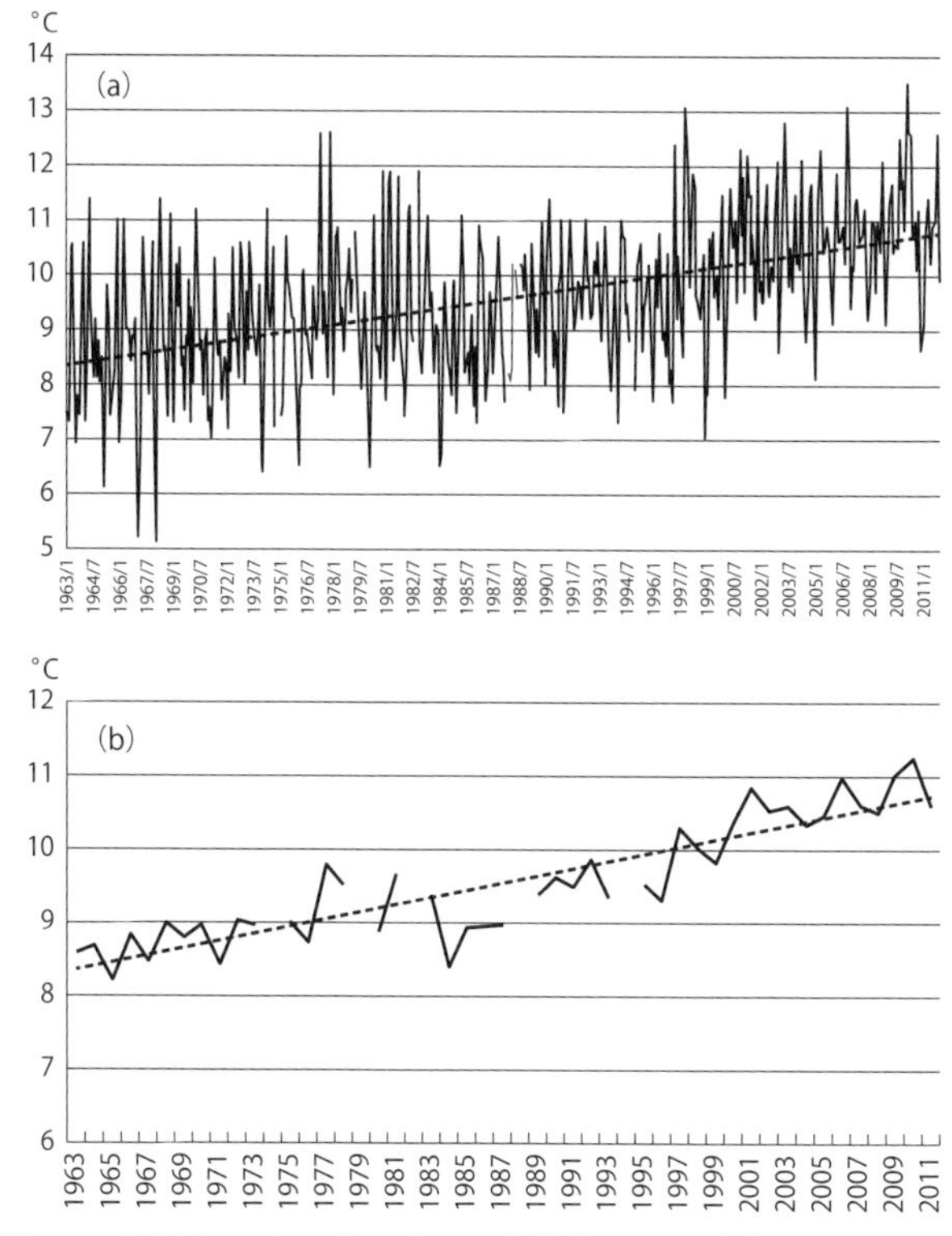

図4-1 1963年～2011年のケニア山標高1890m地点の月平均最低気温（a）と年平均最低気温（b）（Mizuno and Fujita 2014）

写真4-3　ティンダル氷河から発見されたヒョウの遺骸（1997年撮影）
放射性年代測定により、年代はAD1100年頃であるとわかった。

（水野２００５、２０１５、２０１６）。

◆山麓の湧水の源がわかった

私が大学院で指導した大谷侑也くんは、ケニア山やキリマンジャロの氷河と山麓の水環境の関係について研究し、２０１９年度末に博士号を取得した。ここでは彼の研究内容を紹介し、両者の関係について述べることにする。大谷くんは、湧き水、湖水、河川水、雨水を採水し（図４－２）（写真４－４、写真４－５）、そのデータを分析した。

ここで重要なのが、住民が飲用水として利用している山麓（標高約２０００ｍ）の湧き水（湧水）だ。彼は傘を反対向きにして、その中にいろいろな標高の降水を集めて^{18}Oを測った。酸素は多くは質量数が16の^{16}Oだが、^{18}Oは質量数が18で、^{16}Oの同位体《どういたい》だ。

先のヒョウの年代測定には放射性炭素の^{14}Cを使った。炭素はたいてい^{12}Cだが、^{14}Cは放射性同位体で、半減期（量が半分になる年数）が５７３０年である。木が枯れると炭素の生産は止まり、^{12}Cは安定同位体なので量は減らないのに対し、放射性の^{14}Cはどんどん減っていくので、それらの比率から枯れてから何年経ったかという時間がわかる。

酸素の同位体の場合、海から雲がやってきて山麓に雨を降らせるが、^{18}Oを含む水は^{16}Oを含

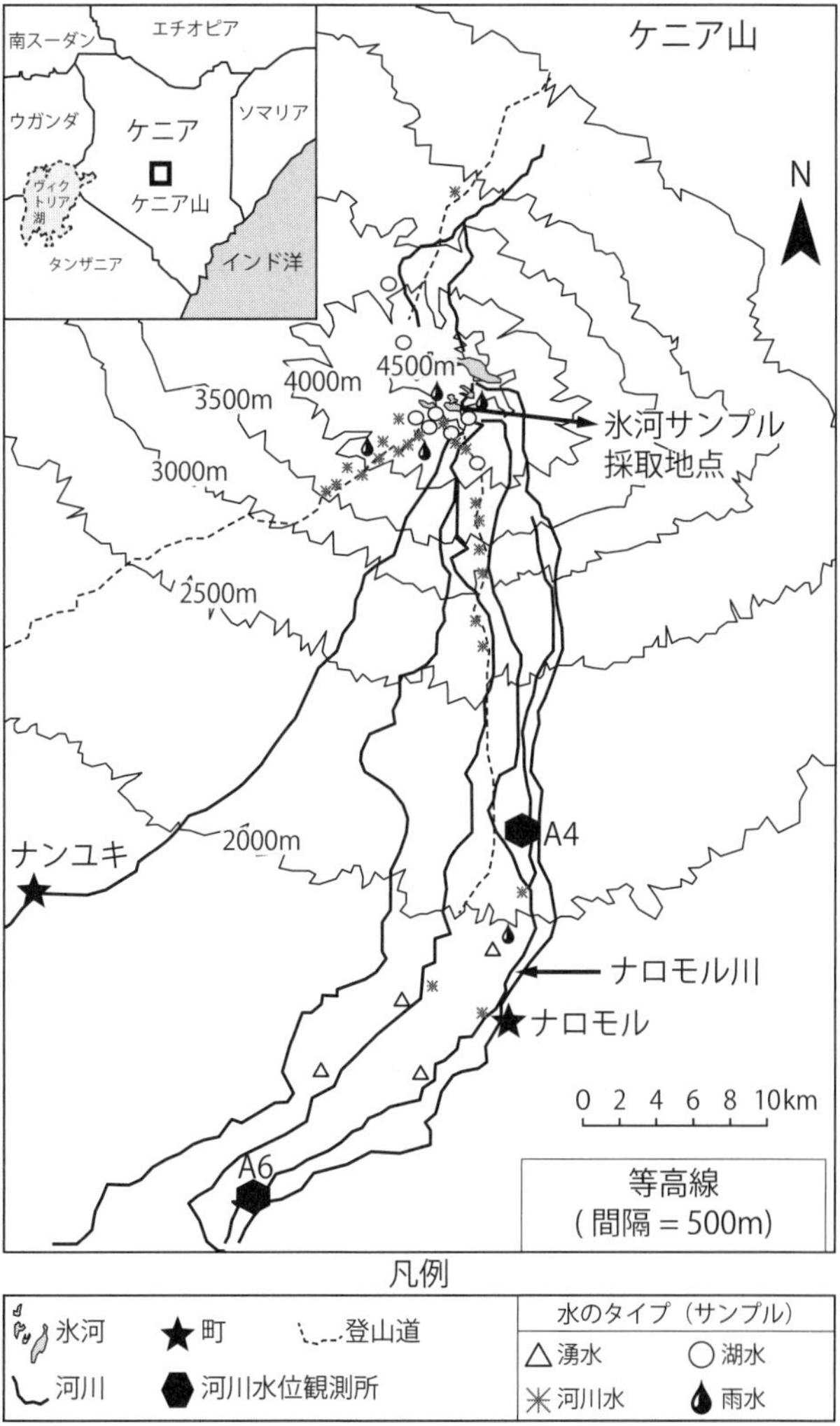

図4-2　ケニア山の採水地点（大谷 2018）

写真4-4　標高3700mの沢での採水（2015年撮影）

写真4-5　標高4500mの氷河湖での採水（2016年撮影）

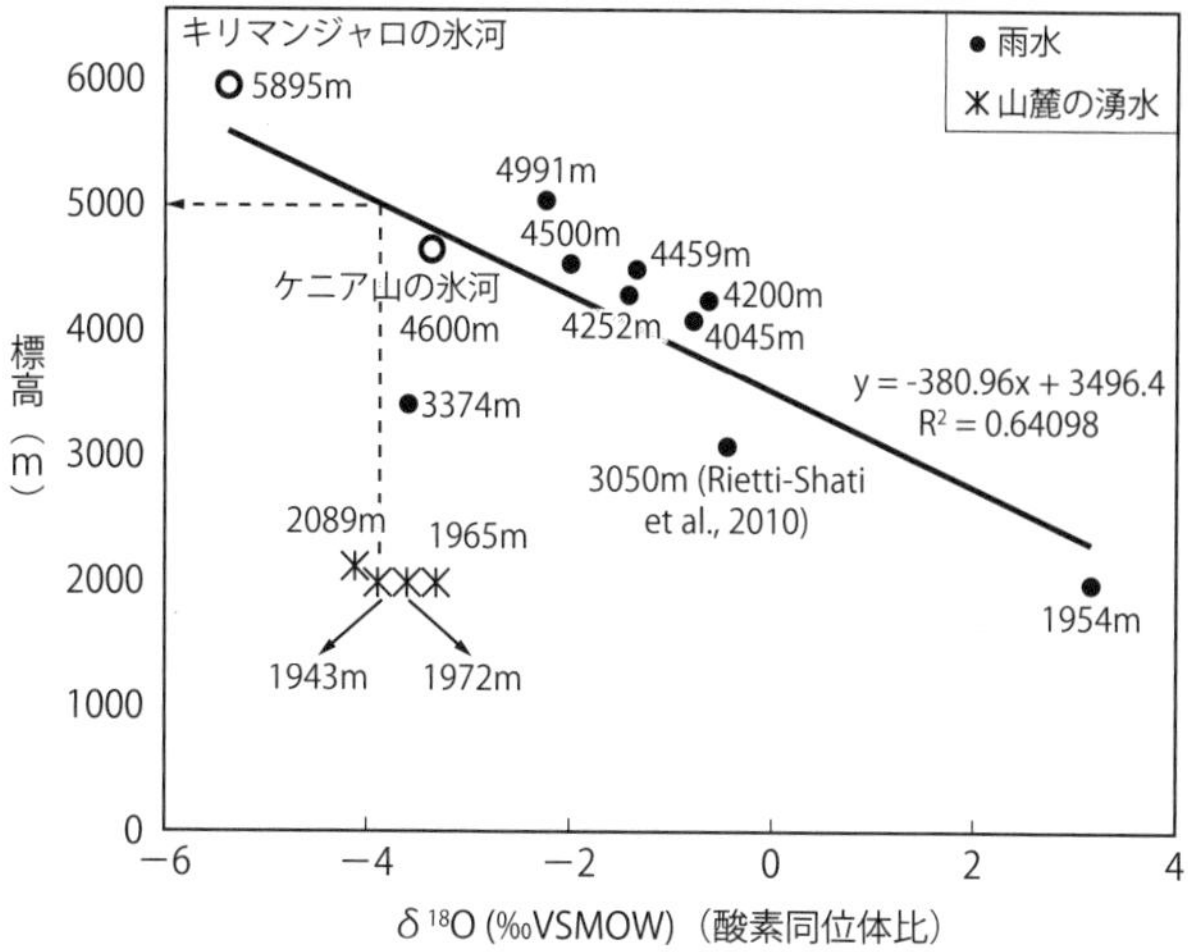

図4-3　ケニア山における降水の高度効果（大谷 2018）
実線は降水の^{18}Oと標高の近似直線を表す。

む水より質量数が大きくて重いので、その重い^{18}Oを多く含んだ水から先に降っていく。グラフのマイナスは^{18}Oが少ないことを表すが、^{18}Oを含んだ水は標高が上がるにつれて少なくなっていく（図4－3）。近くにあるキリマンジャロの氷河のデータも含めると図のようにデータが一直線上に並ぶ。これを高度効果直線と呼ぶ。ケニア山山体および山麓域で標高ごとに採水された降水サンプルの酸素同位体比は、明瞭な高度効果（標高が高くなるにつれ水素・酸素同位体比の値が低くなる効果）を示したのである（大谷２０１８）。

この直線により、湧水の涵養《かんよう》標高を推定することができる。ケニア山山麓域で採水された湧水の酸素同位体比の値は－5・1‰、－4・1‰、－3・6‰、－3・2‰であり、この値を高度効果の直線にあてはめると、図4－3の破線のように、約5000m付近の水が地下にしみ出し、山麓で湧出していることが推察される。5000m付近は氷河や雪の解け水が多く存在する場所であり、それらが麓の湧水に大きく寄与している可能性が示されたのである（大谷 2018）。

すなわち、ケニア山山麓の住民たちが飲んでいる湧き水の主体は、標高2000mの降水ではなく、河川水でもなく、標高5000m付近の氷河や積雪が解けて長い年月がかかって標高2000mの山麓まで地下水として運ばれて湧き出た水であるということだ。

では、何年かかって氷河の解け水が地下水として流れ山麓で湧き出てくるのか？ CFCs（クロロフルオロカーボン類）トレーサーやトリチウムを使って測ったところ地下での滞留時間は40－60年だった（大谷 2018）。山頂付近の氷河の解け水が40年から60年かかって山麓に湧水として出てくることがわかったのである。いま地元の住民たちが飲んでいる湧き水には50年前の氷河が含まれている。ということは、いま氷河がどんどん小さくなっているが、その解け水を飲むのは50年後の人々ということになる。氷河が消えれば当然、湧き水を涵養する水の量が格段に減少する。ケニア山では積雪量が少ないので、氷河の水源としての役割は大きい。

◆水環境への深刻な影響

キリマンジャロの氷河はケニア山同様に温暖化で急速に減少している（写真４‐６～４‐11）。撮影した8月は乾季なので白い部分はすべて氷河である。キリマンジャロが継続して積雪を被《かぶ》っているのは通常雨季の４～5月のみだ。

標高が５１９９ｍのケニア山では氷河は融解して水になるが、キリマンジャロは標高が５８９５ｍあるので、氷河縮小の主要因は昇華（固体が液体になることなしに、直接気体になること）であるといわれてきた（Mölg and Hardy 2004, Kaser et al. 2004）。わかりやすい例をあげれば、冷凍庫に氷をつくっても長期間放っておくと氷は小さくなっていく。すなわち、氷が解けて水になって減っていくのではなく、気化して小さくなっていく。これが昇華である。しかし、近年のキリマンジャロの氷河には、氷河が解けて水が垂れてできた氷柱《つらら》が大量に見られ（写真４‐12）、温暖化が進んで、キリマンジャロの氷河は融解が進んでいると推測される。

写真４‐12は、ＮＨＫのドキュメンタリー番組「桐谷健太　熱帯の氷河　キリマンジャロに

写真4-6　キリマンジャロの氷河（1992年撮影）

写真4-7　キリマンジャロ山頂の階段状の氷河（1992年撮影）

写真4-8　キリマンジャロ山頂の氷河（1992年撮影）

写真4-9　キリマンジャロの氷河（2009年撮影）

写真4-10　キリマンジャロ山頂の階段状の氷河（2009年撮影）

写真4-11　キリマンジャロ山頂の氷河（2009年撮影）

写真4-12　氷河から無数に垂れ下がる氷柱（2018年撮影）口絵

挑む」（2018年）の撮影に数週間同行したときに撮影したものである。このときは桐谷さんにキリマンジャロの自然や氷河について解説するという役割だったのであるが、桐谷さんは、目の前に広がる氷河から無数に垂れ下がる氷柱が太陽の光を浴びて、先から水がポタポタと絶え間なく落ちていく光景に圧倒されている様子だった（**写真4－12**）。

キリマンジャロには世界中から登山者が集まり、タンザニアの観光業にとって重要な場所となっている。キリマンジャロ登山のためにキャンプ地や山小屋は、山頂付近を除いてほとんど川や流水のある場所に立地している。飲食のためには水が不可欠なためだ。

ケニア山で水環境の調査をしていた大谷く

んが、キリマンジャロでは6ヶ所のキャンプ地の川の水を採取して^{18}Oと^{2}Hを調べた結果、キャンプ地の河川水の多くは氷河の解け水由来であると推察された（大谷 ２０１７）。キリマンジャロの氷河は２０２０〜２０３０年代には消滅すると予測されている。氷河がなくなるとキャンプ地の川の水は涸れてしまう恐れが出てきた。温暖化によるキリマンジャロの氷河の消滅は、タンザニアの観光業にも少なからず影響を及ぼすに違いない。

キリマンジャロの山麓では、湧き水を何ヶ所ものコンクリートの水槽にためてパイプで周辺の村やホテルまで運んでいる（写真4-13）。大谷くんの研究から、キリマンジャロ山麓の湧き水は氷河の解け水を少なからず含んでいると推測されている（大谷 ２０１７）。山麓の川の水は下水や生活用水が流入しているので飲み水には使用していない。飲料水には湧き水を使用している。現地の40歳代の住民は、湧き水の滝のところで、子供の頃に水遊びをしていたというが、その量は子供の頃に比べて現在は半分くらいに減ったという（写真4-14）。キリマンジャロでも、山頂の氷河の融氷水は約50年かかって湧き水としている湧出しているようだ（Mckenzie et al. 2010）。近い将来に、温暖化によってキリマンジャロ山麓の水環境にも深刻な影響が及ぶことが危惧される。

◆最終氷期の日本の氷河

最後の氷河時代である最終氷期はいまから1万〜7万年前だが、その最盛期である2万年

写真4-13　キリマンジャロ山麓の湧き水（2018年撮影）
コンクリート製の水槽にためてパイプで周辺の村やホテルまで運ぶ。

写真4-14 キリマンジャロ山麓の湧き水の滝（2018年撮影）
湧出量は年々減っている。

前には、日本アルプスでは標高２５００〜２７００ｍ以上、日高山脈では標高１６００ｍ以上には氷河が流れ、氷河地形が形成された。

第１章でも述べたように、標高が高いほど氷河は形成されやすいが、氷河ができるためには、年間を通じて積雪量が融雪量を上回る必要があり、その最低高度を雪線と呼ぶ。現在の日本の中部地方では、高度４０００ｍ付近に雪線がある。雪線は、雪が解ける量よりも積もる量のほうが多い高度の下限のことなので、雪線より高い山があれば、雪線の高度より上の場所では、どんどん雪が積もって、自らの重みで下のほうから雪の結晶が結合して氷になる。氷は地表を滑るので、氷河は徐々に斜面下方に移動する。その速度は氷河によってさまざまで、一般には一日あたり数十cm〜数ｍであるため、目で見る分には動いているようには見えない。

氷河時代の日本列島の雪線は現在よりも１０００ｍ以上も低く、そのため、日本アルプスや日高山脈などには氷河が形成されていたが、現在の雪線は山地高度より高い位置にあるので、現在氷河は形成されていない（最近になって立山の一部で氷河の存在が議論され始めた。次節参照）。しかし、氷河時代には日本の高山にはたしかに氷河があった。なぜそれがわかるのかといえば、日本アルプスや日高山脈に氷河が流れてできた地形であるカールやモレーンが残っているからである。

氷河は流れるときに地面を削ってすり鉢状の地形を形成するが、この地形をカールという。温暖化すると氷河は後退し始めるが、氷河が拡大したときの氷河前面には土砂の高まりが残る。これをモレーンという。このようなカールやモレーンのことを氷河地形とよぶが、モレーンの位置からかつての氷河の動態を推定することができる。一番低い場所に形成されているモレーンの年代がわかれば、氷河が最も拡大したときの時代がわかるのである。

日本の山脈は南北に背骨が伸びるように峰が連なり、脊梁《せきりょう》山脈と呼ばれるが、氷河地形はその山脈の東側斜面に形成されていることが多い。つまり氷河時代には山脈の東側斜面に氷河が形成されていた。現在、冬には北西の季節風が吹いているが、氷河時代も同様に北西の季節風が吹いていたと考えられている。

南北に延びる脊梁山脈では、冬に西よりの風が吹いてきて、雪を東側斜面のほうに飛ばす。したがって、稜線の西側は雪が飛ばされて地表が露出したり雪が少なかったりするのに対し、東側斜面は雪がどんどん積もって、氷河時代には氷河が流れていた。その氷河が斜面を下るときに地面を削り、ブルドーザーのように氷河先端の前面でその岩屑《がんせつ》（岩石の破片）を斜面下方に運んでいく。氷河によって地面が削られ、すり鉢状の地形（カール）が形成され、氷河が運んだ岩屑の高まり（モレーン）が形成されたのである。

現在、中部山岳地帯の高度４０００m付近にある雪線（その高度線より高い土地があれば氷河が流れる）は、最終氷期には高度２５００－２７００mまで下がったため（図４－４、４－５）、日本の高山には氷河が流れた跡の氷河地形が見られる（図４－６）。また、現在の森林限界の高さは、ほぼ最終氷期の雪線の高さに相当する。そのため、最終氷期に氷河が流れたときのカールの末端の位置やモレーン（氷堆石、堆石）（写真４－15）の位置は、現在の森林限界にほぼ相当する（写真４－16、図４－５）。

◆日本にも氷河がある！

日本には長らく氷河はないといわれてきたが、最近になって一部の雪渓《せっけい》が氷河ではないかといわれるようになってきた。氷河と雪渓、あるいは万年雪との違いは何であろうか？

氷河の国際的な定義は、「重力によって長時間にわたり連続して流動する雪氷体（雪と氷の大きな塊）」とされる。（１）陸上（２）移動する（３）雪と氷の大きな塊という３条件をすべて満たせば氷河と認定される。

日本に氷河があるかもしれない？　という仮説は、１９９９年に立山内蔵助《くらのすけ》カール内に氷

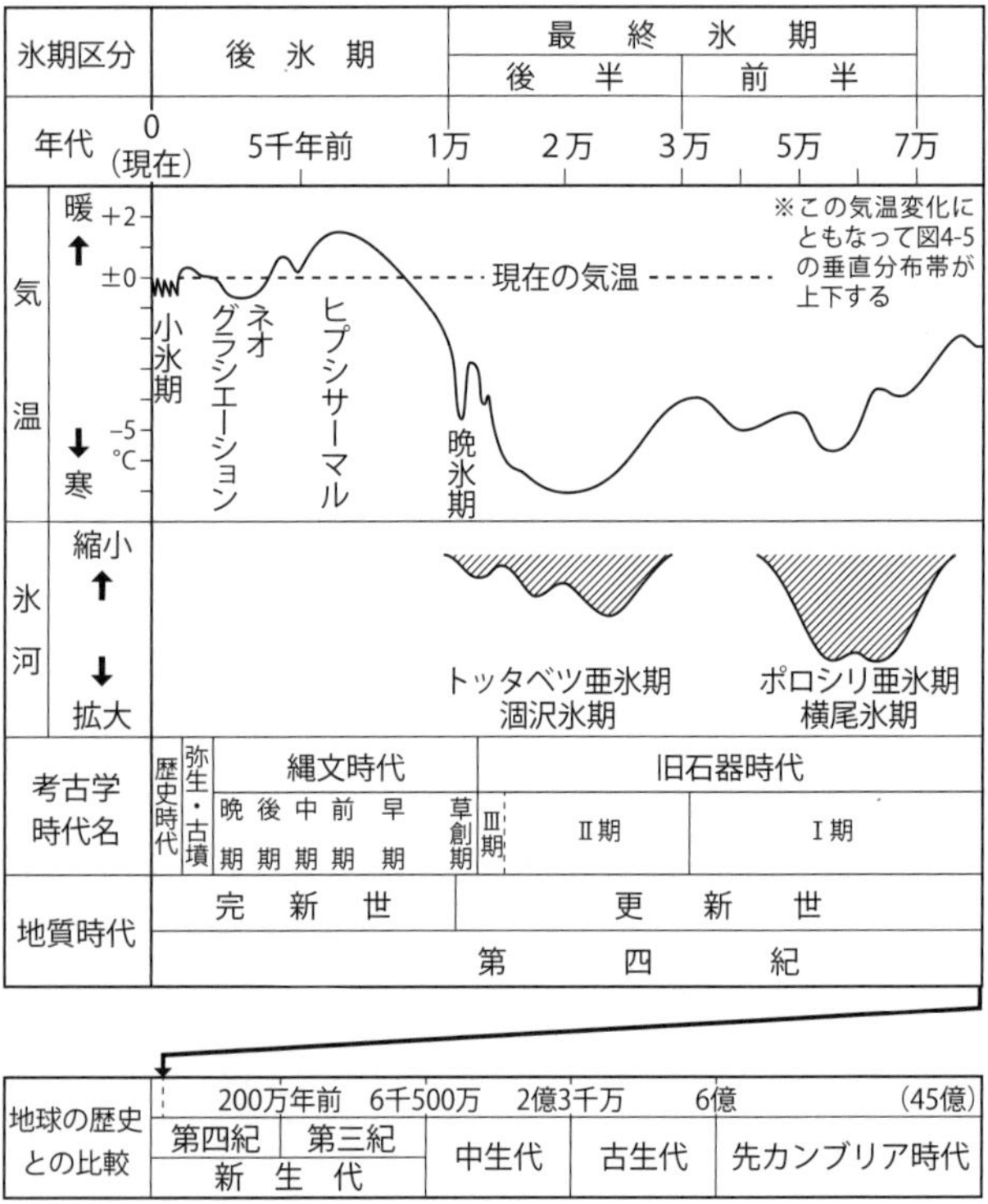

図4-4　最終氷期〜現在の自然史年表（小泉・清水 1992）

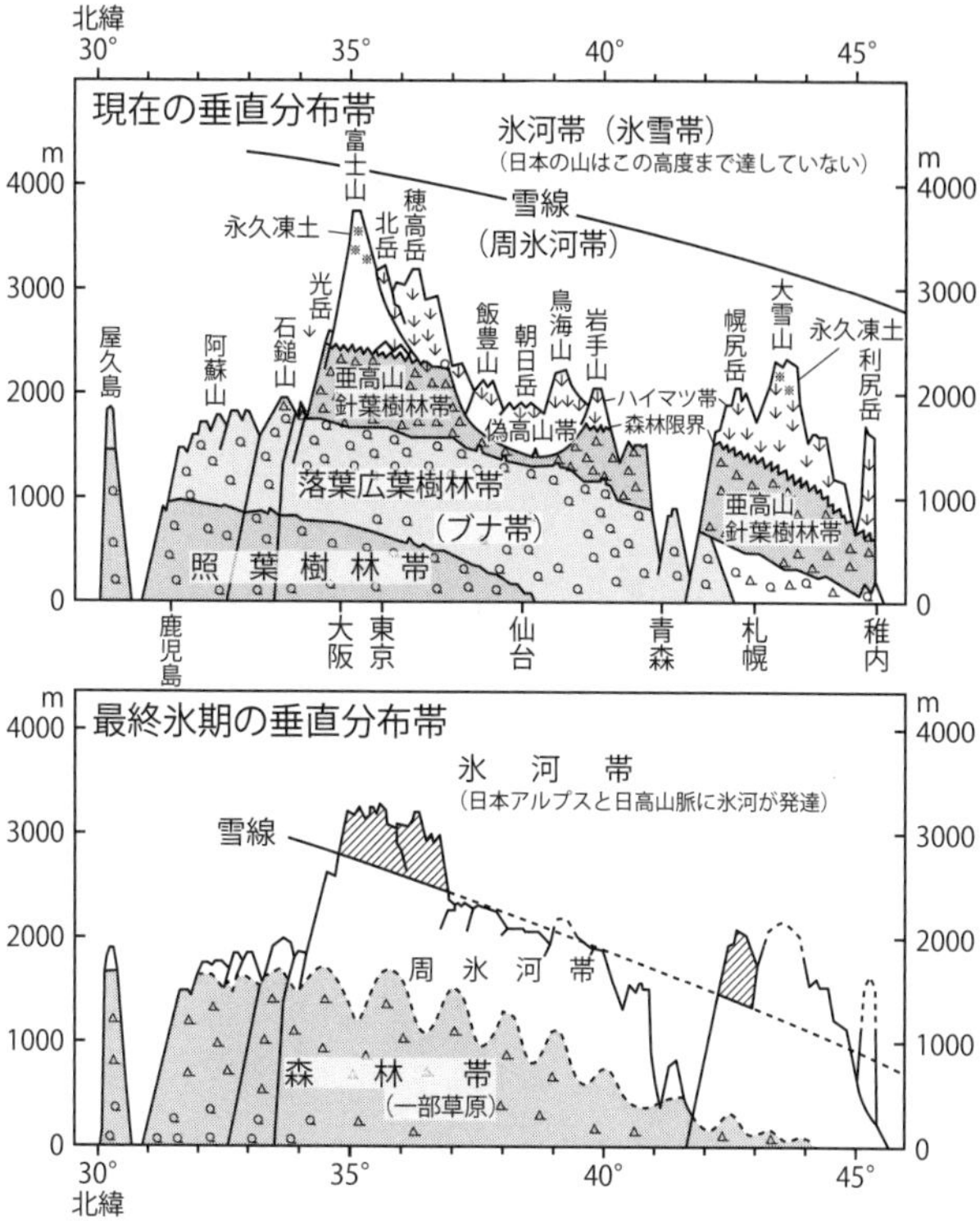

図4-5　現在と最終氷期の垂直分布（小泉・清水 1992）

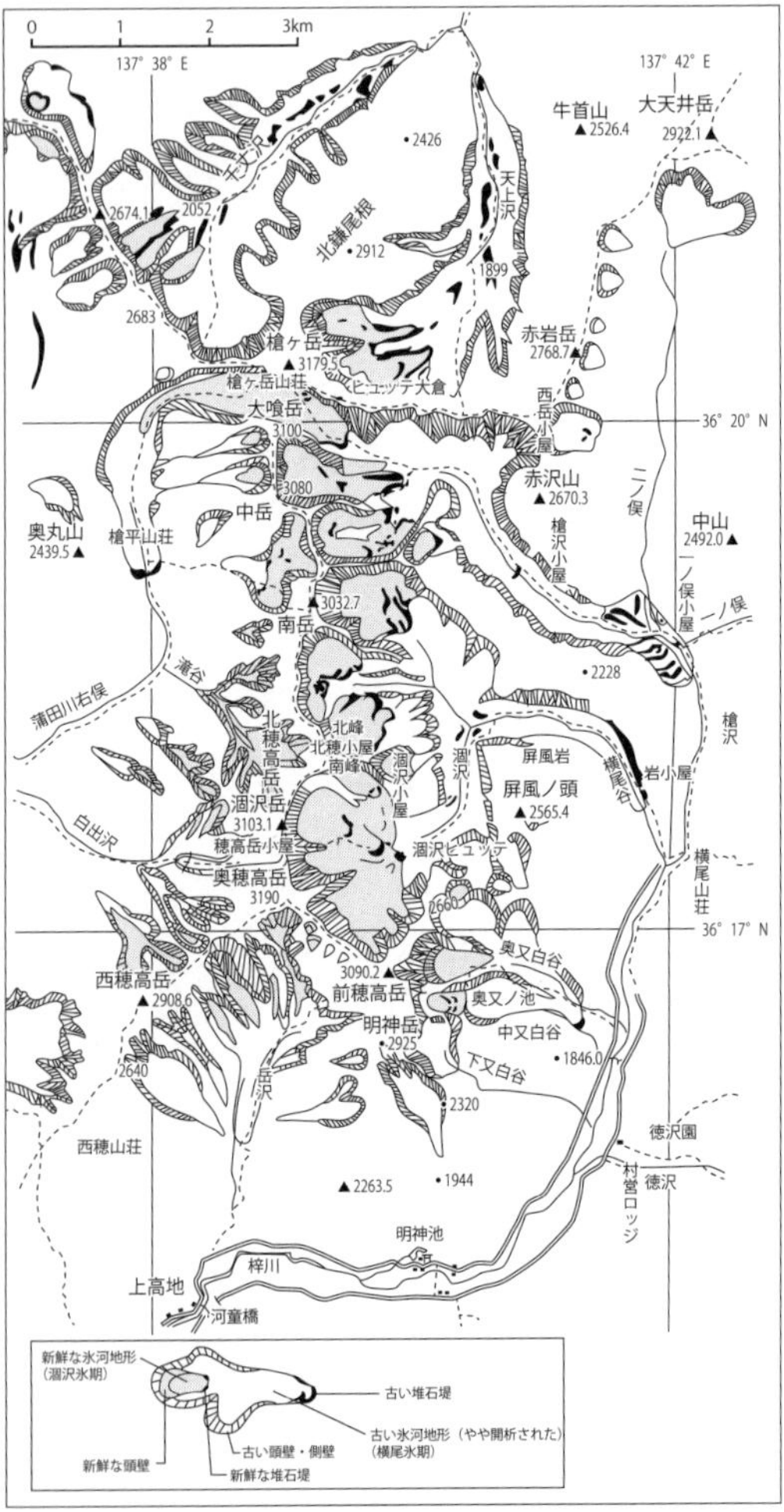

図4-6　最終氷期の槍・穂高連峰氷河地形分布図（五百沢 1979）
新鮮な涸沢期（2万～3万年前）とやや開析された広い横尾期（4万～5万年前）

写真4-15　野口五郎岳カール（1988年撮影）

写真4-16　南アルプスの荒川岳のカール（1981年撮影）
カールの末端がほぼ森林限界になっている（高山帯は積雪で白く見え、森林のある亜高山帯は積雪があっても黒っぽく見える）

久凍土が発見されたという報告（福井・岩田　２０００）から始まった。富山県立山カルデラ砂防博物館の研究チームが、立山連峰の大規模な万年雪の中に現存する氷河はないかの確認調査を２００９年から実施した。

氷体の厚さは、アイスレーダーを用いて地面までの距離を測定し、氷体の流動は、氷体が露出する９月に雪渓上にポールを固定し、その位置を10月まで高精度ＧＰＳで測量して求められた（福井・飯田２０１２）。調査の結果、御前沢《ごぜんざわ》雪渓、三ノ窓雪渓、小窓雪渓において、厚さ20ｍの前冬の積雪の下に、厚さ30ｍ以上の氷体が確認された。とくに三ノ窓雪渓の氷体は、最大の厚さが60ｍを超え長さも１㎞を超えるものだった。また、三ノ窓雪渓、小窓雪渓では、秋季の約１ヶ月間で30㎝以上の比較的大きな流動が観測された。御前沢雪渓では、約１ヶ月半で10㎝程度の流動量だったが、２秋季連続して同じ結果が得られたことから、氷体が流動していることが確認された（福井・飯田　２０１２）。各雪渓の流動量は、ヒマラヤなどの小型氷河の流動量に匹敵するものであった。

これらの結果は、２０１２年に日本雪氷学会に学術論文として発表され、剱岳《つるぎだけ》の三ノ窓雪渓と小窓雪渓、立山の御前沢雪渓が現存している氷河と認められた（福井・飯田　２０１２）。これにより、カムチャツカ半島とされていた極東の氷河の南限は日本の富山県・立山連峰となったのである。

２０１８年には北アルプスの鹿島槍ヶ岳のカクネ里雪渓（福井・飯田・小坂　２０１８）や剱岳の池《いけ》ノ谷《たん》雪渓、立山の内蔵助《くらのすけ》雪渓、２０１９年に唐松岳の唐松沢雪渓も氷河と認められて、日本国内に７ヶ所の氷河があることになった。

これらの氷河の発見により、富山県は日本初の氷河を観光資源として大々的に売り出すようになった。

◆日本アルプスの「お花畑」の謎

筆者は主に卒業論文のために１９８１年に南アルプスの「お花畑」の成立環境について調査した。森林限界以下の亜高山帯の場合は、森林が突如開けた場所に色とりどりの花を咲かせた「お花畑」が現れる。森林限界以上の高山帯の場合は岩稜帯の中に「お花畑」がぱっと広がる。「なぜ、そこに「お花畑」があるのか？」という疑問を解き明かすという卒業論文だった（水野　１９９９、２０１６）。

その「お花畑」の成立環境には６つのタイプがあることがわかったが、ここでは２つのタイプのみに触れる。一つ目のタイプ（亜高山帯風背緩斜面型《あこうざんたいふうはいかんしゃめんがた》）は、三伏峠《さんぷくとうげ》や北荒川岳横、聖《ひじり》

写真4-17　南アルプスの三伏峠の「お花畑」(1981年撮影) 口絵
森林限界以下でありながら、稜線の鞍部という地形のために風が吹き抜けて、森林が侵入しにくい環境となっている。

平《だいら》、熊ノ平などの森林限界以下の場所に「お花畑」が成立している場合である。調べてみるとそこには共通点があった。谷の源頭部で稜線《りようせん》の最低鞍部(尾根が最も低くなっているところ)の風背側(風下側)に位置しているのである。風衝側《ふうしようがわ》(風上側)の谷沿いに吹き上がってきた風が、稜線の最低鞍部を通って、風下側の緩斜面に吹き抜ける場所であった。つまり、氷河期以降、森林限界が上昇してきたものの、風が吹き抜ける場所だけ局所的に森林に覆われず、局所的に「お花畑」が成立していると考えられた(写真4-17)。

◆「お花畑」の温暖化によるシカ害の増加

この亜高山帯風背緩斜面型の「お花畑」の場所を30年後の2010〜2012年に再度調査した。すると、それらの「お花畑」は大きく変化していた（水野2016）。

三伏峠（2620m）の「お花畑」の植生は、1981年にはシナノキンバイやミヤマキンポウゲが優占し、ほかにカラマツソウ、ハクサンフウロ、タカネグンナイフウロ、ハクサンチドリ、マルタケブキ、ミヤマシシウド、オオカサモチなどが分布していた（写真4－18）。しかし、2012年にはシカによる食害で、かつての植生が破壊され、「お花畑」は柵で囲まれて保護されていた（写真4－19）。近年、亜高山帯上部までシカが登ってきて、「お花畑」の植物を食い荒らすため、その保護のために柵で囲まれていたのだ。

柵の外ではミヤマバイケイソウが植被率（地表を占める率）50〜70%を占め（写真4－20）、その他にはホソバトリカブトやシロバナノヘビイチゴなどが分布していた。ミヤマバイケイソウやホソバトリカブトはシカが食べない植物であると推定される。

聖平（2370m）の「お花畑」も、稜線の鞍部の風背側（風下側）に位置している（写真4－21）。ここにはたくさんの針葉樹の枯死した残骸が見られた（写真4－22）。この針葉樹

写真4-18　三伏峠の「お花畑」（1981年撮影）
シナノキンバイやミヤマキンポウゲ、カラマツソウなどが優占していた。

がいつ枯れたのかを文献で調べたところ、1959年の伊勢湾台風の影響であることが判明した。すなわち、それまで針葉樹林帯であった聖平が、周辺一帯の最低鞍部という地形のため、伊勢湾台風のときに強風が集中し、針葉樹が倒され、その結果できた空間に太陽の光を受けて草本植物が生育し、「お花畑」が形成されたのだ（**写真4－23**）。

しかし、それ以降、徐々に針葉樹の幼樹が生育し、もとの針葉樹林帯に復元しようとしていて、2011年にはかなり森林が戻ってきていた（**写真4－24**）。聖平の「お花畑」は1981年にはニッコウキスゲが優占していたが（**写真4－25**）、2011年には、保護さ

写真4-19　三伏峠の「お花畑」（2012年撮影）
近年のシカによる食害から守るため「お花畑」は柵で囲まれている。

れていた柵内でニッコウキスゲはわずかに見られるのみで、柵の外ではミヤマバイケイソウが植被率30～50％を占め、ほかにホソバトリカブト、イワオトギリ、ミヤマキンポウゲなどが分布していた（写真４-26）。

北荒川岳横（２６５０ｍ）の「お花畑」も、森林限界以下で、稜線の鞍部に位置する風衝側（風上側）は谷の源頭で崩壊していて、谷風が鞍部を通り抜けて風背側（風下側）の緩斜面に吹き付けている（写真４-27）。そして冬季にはかなりの積雪が見られた。

ここの「お花畑」には観賞用として盗掘の絶えないホテイアツモリソウが見られた（写真４-28）。１９８１年のときは、７月下旬にシナノキンバイ、ミヤマキンポウゲ、タカ

写真4-20　三伏峠の「お花畑」（2012年撮影）
柵の外はシカが食べないミヤマバイケイソウが目立つ。

写真4-21　南アルプスの聖平の「お花畑」（1981年撮影）
森林限界以下でありながら、稜線の鞍部という地形のために風が吹き抜けて、風背側（風下側）緩斜面は森林が侵入しにくい環境となっている。

写真4-22　聖平の「お花畑」（1981年撮影）
1959年の伊勢湾台風で樹木が倒れ、その空間に「お花畑」が成立したが、稚樹が侵入しつつある。

写真4-23　聖平の「お花畑」(1981年撮影)
ニッコウキスゲが優占している。

写真4-24　聖平の「お花畑」(2011年撮影)
森林がかなり復元されている。

写真4-25　聖平の「お花畑」(1981年撮影)
ニッコウキスゲが優占している。

ネグンナイフウロなどが優占して開花し、8月になるとマルバダケブキが一面開花していた（写真4－29）。しかし、2012年7月下旬には、70～90％を占めていたのはシカが食べないマルバダケブキであった（写真4－30）。

写真4-26　聖平の「お花畑」（2011年撮影）
柵の外はシカが食べないミヤマバイケイソウが生育している。

写真4-27　南アルプスの北荒川岳横の「お花畑」（1981年撮影）
森林限界以下でありながら、稜線の鞍部という地形のために風が吹き抜けて、森林が侵入しにくい環境となっている。

写真4-28　北荒川岳横の「お花畑」でよく見られたホテイアツモリソウ（1981年撮影）

熊ノ平も崩壊した谷の源頭にあたる稜線鞍部の風背側斜面に位置し、1981年にはハクサンチドリやクルマユリが優占する「お花畑」であったが（**写真4－31**）、2012年にはマルバダケブキが優占していた（**写真4－32**）。

写真4-29　北荒川岳横の「お花畑」（1981年撮影）
シナノキンバイ、ミヤマキンポウゲ、タカネグンナイフウロなどが優占していた。

写真4-30　北荒川岳横の「お花畑」（2012年撮影）
シカが食べないマルバダケブキが優占している。

写真4-31　熊ノ平の「お花畑」（1981年撮影）
ハクサンチドリが優占していた。

写真4-32　熊ノ平の「お花畑」（2012年撮影）
シカが食べないマルバダケブキが優占している。

このように、三伏峠や聖平、北荒川岳横、熊ノ平など、森林限界（約2650m）以下の「お花畑」の植生はシカによる食害の影響を大いに受けていた。

近年シカ害が亜高山帯まで及ぶのは、温暖化によって厳しい冬を越せるシカや、亜高山帯まで行動範囲を広げるシカの個体数が増えてきたことに原因があると推測される。あるいはシカの捕獲者である狩猟者の高齢化や山村地域の過疎化で、狩猟者が減少したことや、過疎化による耕作放棄地がシカのすみかになったことでシカの個体数が増加したことも原因としてあげられる。

◆温暖化による南アルプス高山帯の植生変化

聖岳山頂と奥聖岳山頂の間の稜線にある雪窪《ゆきくぼ》（２８８０ｍ）に「お花畑」が分布する（**写真４－33**）。凹地《くぼち》なので遅くまで雪が残る環境であり、２つ目のタイプ（雪窪型）の「お花畑」にあたる。１９８１年には雪田植生（雪が夏期の遅くまで残る雪田に、雪のない短い間に発達する植生）のアオノツガザクラ、チングルマ、ウサギギクが優占し、２０１１年には、アオノツガザクラ、チングルマ、ガンコウラン、ミネズオウがそれぞれ植被率10－30％を占めていた（**表４－１、写真４－34、４－35、４－36**）。この高山帯まではシカによる食害は及んでいなかった。しかし、１９８１年にはほとんど見られなかったガンコウランとミネズオウが、30年後の２０１１年には優占していた。この変化はいったい何から来ているのであろうか？

筆者を含む研究グループ（GENET: Geoecological Network）は１９９５年から中央アルプスの木曽駒ヶ岳において、地表にアクリル板で五角形に囲んだ開放型温室を設置し、温室内の１－２℃の気温上昇によって、植物の生活史・分布・生産量がどう変化するかをモニタリングしてきた（**写真４－37**）。１９９７～２０００年の３年間の変化を見ると、気温上昇に

表4-1　聖岳山頂と奥聖岳山頂の間の稜線にある雪窪の「お花畑」の優占種の30年間の変化

聖岳－奥聖岳線状凹地（2880m）	
1981年	2011年
アオノツガザクラ○	アオノツガザクラ2
チングルマ○	チングルマ2
ウサギギク○	ガンコウラン2
	ミネズオウ2
	コイワカガミ1
	タカネヤハズハハコ1
	ウサギギク1
	ミヤマダイコンソウ＋
	ハイマツ実生＋
	キバナノコマノツメ＋

植被率（1981年）	○：優占種＞20%
植被率（2011年）	＋：＜1%
	1：1～10%
	2：10～30%
	3：30～50%
	4：＞50%

よって最も分布拡大したのがガンコウランであり、ミネズオウも増加していた（図4－7）。

アクリル板で囲うと風も弱くなることから、卓越風向（最も吹きやすい風向）に対する風よけも設置して観察をしたが、風の影響はあまり見られなかった。そのため、聖岳の雪窪の「お花畑」で近年ガンコウランやミネズオウが優占種として現れた原因は温暖化であると考えられる。1995年に設置した5つの温室のいくつかは、13年後の2008年にはガンコウラ

写真4-33　聖岳山頂と奥聖岳山頂の間の稜線にある雪窪（2880m）の「お花畑」（2011年撮影）

写真4-34　聖岳山頂と奥聖岳山頂の間の稜線にある雪窪（2880m）の「お花畑」の優占種のアオノツガザクラ（2011年撮影）

写真4-35　聖岳山頂と奥聖岳山頂の間の稜線にある雪窪（2880m）の「お花畑」の優占種のチングルマ（2011年撮影）

写真4-36　聖岳山頂と奥聖岳山頂の間の稜線にある雪窪（2880m）の「お花畑」の優占種のミネズオウ（2011年撮影）

写真4-37　木曽駒ヶ岳の風衝地における、温暖化が植物に与える影響を調べる実験場（1995年撮影）

透明なアクリル板で囲んだ開放型温室や気象観測装置を設置した。

写真4-38　透明なアクリル板で囲んだ開放型温室（1996年撮影）

気温が1〜2℃上昇することによる植物の変化をモニタリングする。

写真4-39　開放型温室にガンコウランが繁茂していた（2008年撮影）

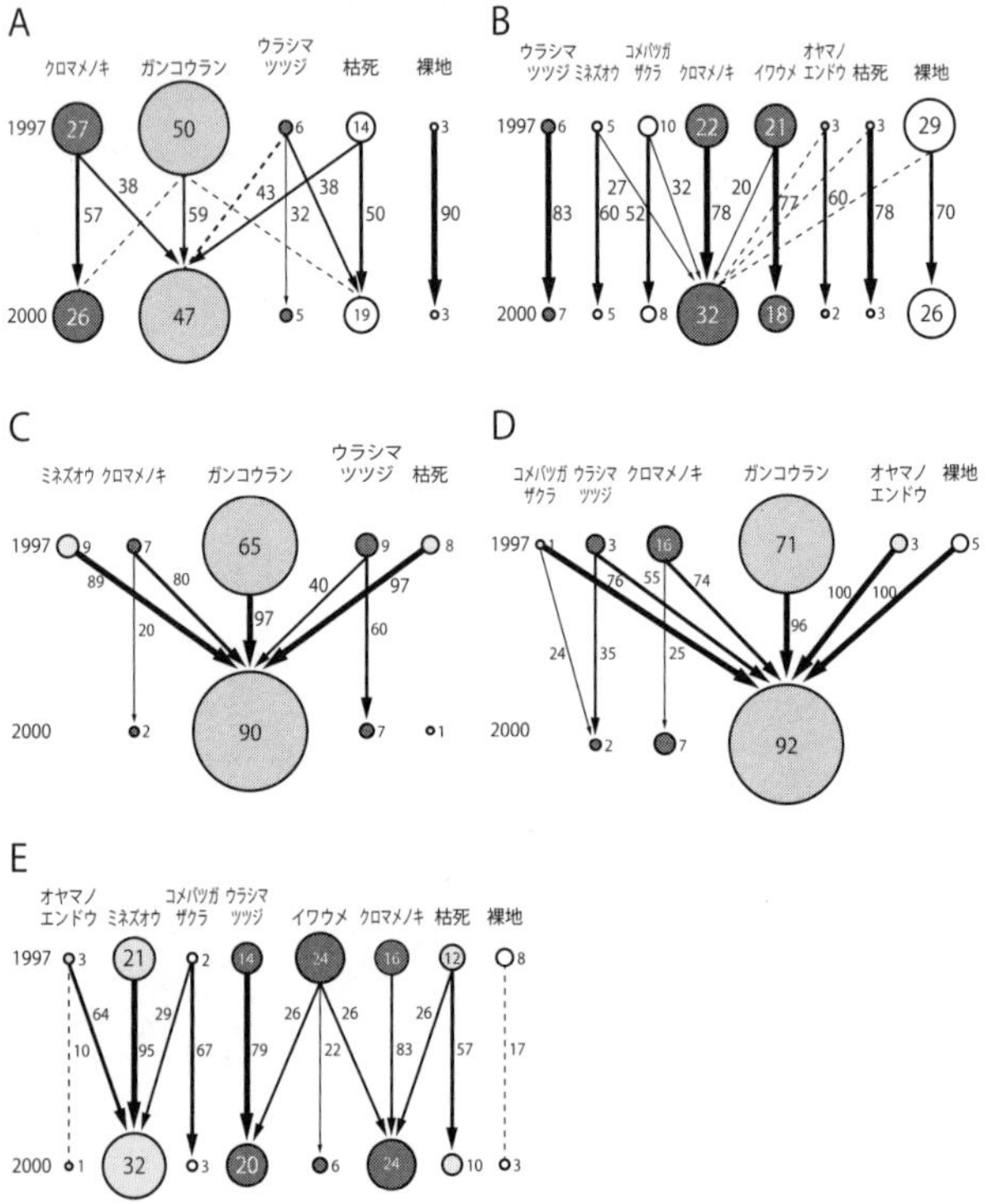

図4-7　1997年と2000年の5つの各開放型温室（OTC）における植生変化の模式図（財城他 2003）

図中の数字は相対比率を示す。相対面積比率が1%未満の種は省略した。矢印横の数字は変化した割合を示す（ただし、10%以下は省略した）。点線は変化率が10%以上20%未満。

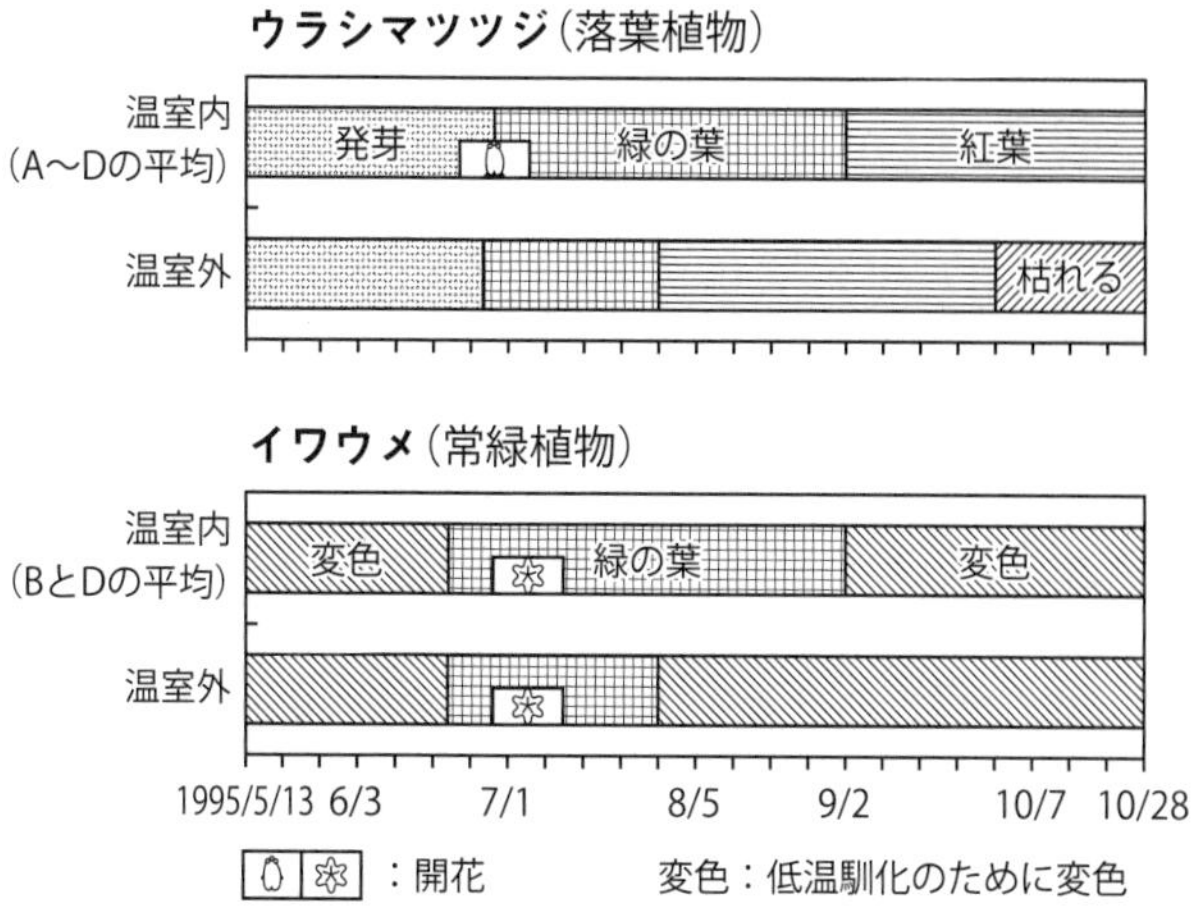

図4-8　風衝矮性低木2種の生活史（Nakashinden et al., 1997）

ンで覆い尽くされていた（**写真４－39**）。

また、この実験では、植物の生活史（フェノロジー）にも変化が見られた。落葉植物のウラシマツツジの場合、緑の葉を付けている期間は、温室内のほうが温室外より１ヶ月ほど長くなり、葉の紅葉も約１ヶ月遅れた。常緑広葉矮性《わいせい》低木のイワウメの場合は、温室内では緑の葉を付けている期間が１ヶ月ぐらい長くなり、葉の変色が約１ヶ月遅れた（**図４－８**）。

引用文献

五百沢智也（1979）：『鳥瞰図譜＝日本アルプス』講談社
大谷侑也（2017）：「キリマンジャロ、ケニア山の「熱帯の氷河」の縮小が周辺水資源に与える影響」『第27回日本熱帯生態学会年次大会（奄美）講演要旨集』108
大谷侑也（2018）：「ケニア山における氷河縮小と水環境の変化が地域住民に与える影響」『地理学評論』91、211-228
小泉武栄・清水長正編（1992）：『山の自然学入門』古今書院
財城真寿美・塚田友二・福與聡・GENET（GeoEcology Network）（2003）：「温暖化実験で生じた高山植物分布の変化――中央アルプス木曽駒ケ岳を例として」『GIS―理論と応用』11、145-153
福井幸太郎・岩田修二（2000）：「立山、内蔵助カールでの永久凍土の発見」『雪氷』62、23-28
福井幸太郎・飯田肇（2012）：「飛騨山脈、立山・剱山域の3つの多年性雪渓の氷厚と流動――日本に現存する氷河の可能性について」『雪氷』74、213-222
福井幸太郎・飯田肇・小坂共栄　（2018）：「飛騨山脈で新たに見出された現存氷河とその特性」『地理学評論』91、43-61
水野一晴（1999）：『高山植物と「お花畑」の科学』古今書院
水野一晴（2005）：「温暖化によるケニア山・キリマンジャロの氷河の融解と植物分布の上昇」水野一晴編『アフリカ自然学』76-85、古今書院
水野一晴（2015）：『自然のしくみがわかる地理学入門』ベレ出版、256頁
水野一晴（2016）：『気候変動で読む地球史――限界地帯の自然と植生から』（NHKブックス1240）NHK出版

Kaser, G., Hardy, D. R., Mölg, T., Bradley, R. S., and Hyera, T. M. (2004): Modern glacier retreat on Kilimanjaro as evidence of climate change: observations and facts. *International Journal of Climatology*, 24, 329-339.

Mckenzie, J. M., Mark, B. G., Thompson, L. G., Schotterer, U., and Lin, P-N. (2010): A hydrogeochemical survey of Kilimanjaro (Tanzania): implications for water sources and ages. *Hydrogeology Journal*, 18, 985–995.

Mizuno, K. and Fujita, T. (2014): Vegetation succession on Mt. Kenya in relation to glacial fluctuation and global warming. *Journal of Vegetation Science* 25: 559-570.

Mölg, T., and Hardy, D, R. (2004): Ablation and associated energy balance of a horizontal glacier surface on Kilimanjaro. *Journal of Geophysical Research*, 109 (D16104).

Nakashinden, I., Masuzawa, T., Fukuyo, S., Kimura, K., Yamamoto, S., Iijima, Y., Mizuno, K., Kobayashi, S., Yamamoto, T., Machida, H., and Takaoka, S.（1997）: A preliminary report on phenological monitoring using experimental chambers in Mt. Kisokomagatake, Central Japan. *Proceedings of the NIPR Symposium on Polar Biology*, No.10, 196-204.

第5章

日本の平野に築かれたお城や海外のお城の地形的共通点は？

―江戸城、名古屋城、大阪城（真田丸）、ドイツの城―

写真5-1　上空から見た、上町《うえまち》台地の北端に位置する大阪城
右下の河川は淀川の支流の寝屋川《ねやがわ》。上町台地は大阪城のある場所から写真の左上の方向（南の方向）に延びている。

日本の平地に築かれた主なお城の地形的立地には大きな共通点がある。その共通点に関わるキーワードは第1章や第4章で述べた氷河である。日本の日本アルプスや日高山脈には氷河時代には氷河が流れたが、その氷河と日本の平野に築かれたお城の立地との間にどのような関係があるのだろうか？　また、それらのお城に共通する地形的立地とは具体的にどのようなものであろうか？

◆江戸城の地形的立地

図5－1は東京の地形、とくに台地と低地に注目して区分された図である。この図を見ると、江戸城（現在の皇居）は、図の本丸の位置にあたり、そこは洪積《こうせき》台地（現在は単に台地と呼ぶ）の武蔵野面（M面）の山の手台地の東端に位置していることがわかる。そこより東側は沖積《ちゅうせき》平野（沖積低地）だ。洪積台地、沖積平野についてはのちのち説明する。

山の手台地は、複雑に入り組んだ崖が東側の低地と明瞭な境界をもち、15－30ｍの高さで

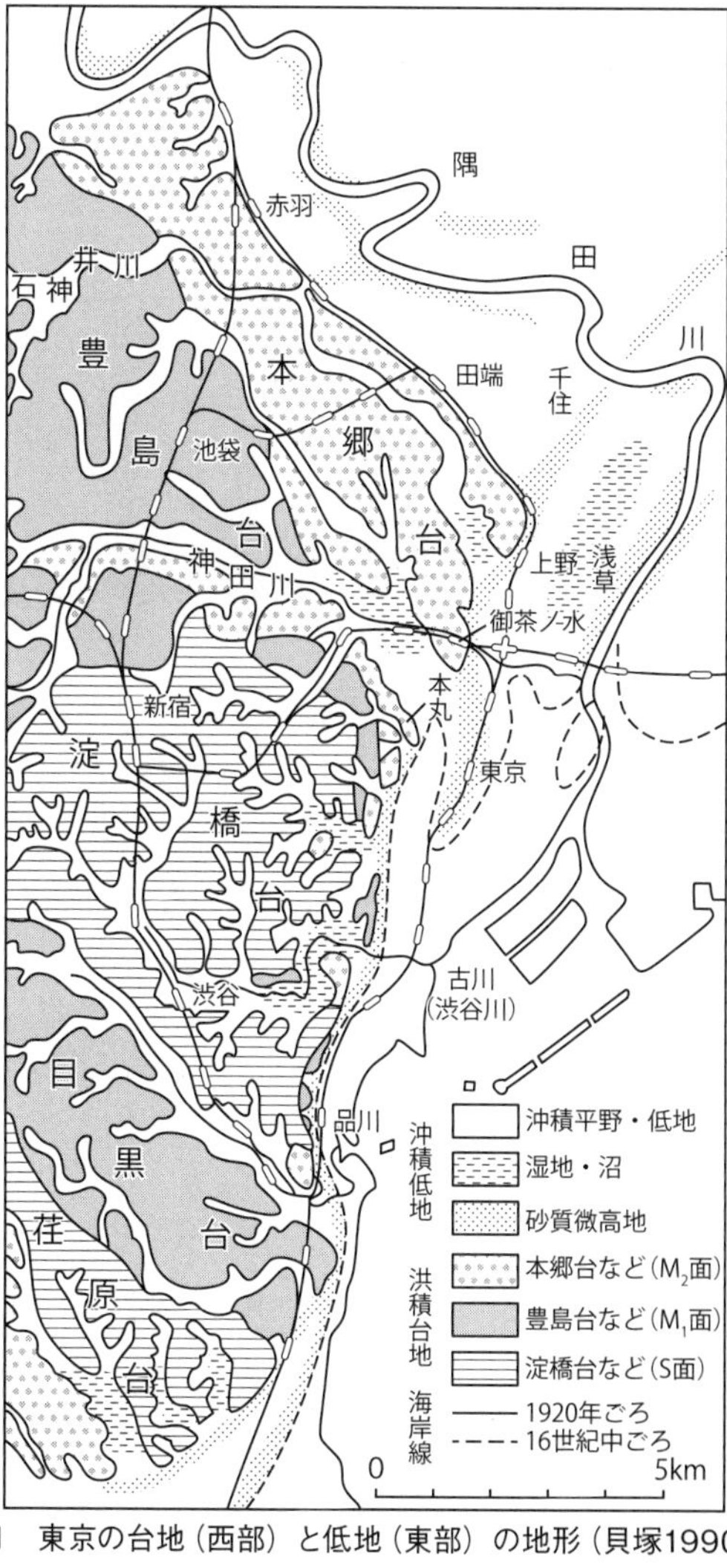

図5-1　東京の台地（西部）と低地（東部）の地形（貝塚1990）

南北に繋がっている。九段坂や三宅坂はこの台地と低地を繋ぐ通りとなっている。本丸や北の丸はその東に広がる沖積平野の品川、新橋、東京、神田、上野、田端より標高が20m近く高い。

1457年に太田道灌《おおたどうかん》が武蔵野台地の東端に江戸城を築き、1603年に徳川家康によって大規模な城下町が建設された。台地上の標高は約18mあり、江戸城の東南に丸の内から新橋にかけて標高1－3mの細長い低地があるが、ここはかつて日比谷入江と呼ばれた海だった（図5－2）。いまの外苑、日比谷、銀座などはかつて日比谷入江として海が入り組んでいた場所である。神田川は駿河台付近で台地を横切り、かつてはこの日比谷入江に注いでいた。家康は神田の台地を掘り、その土で日本橋、京橋付近を埋め立て、これらの低地を職人・商人の町とした。

このように江戸城は台地の先端に築造され、それはその周辺を取り巻く沖積平野を広く見渡すことができ、また台地と低地の間の崖は、外敵からの防御の役割を果たしていた。

◆地上を走る地下鉄

それでは、このような台地と低地はどのようにしてできていったのであろうか？

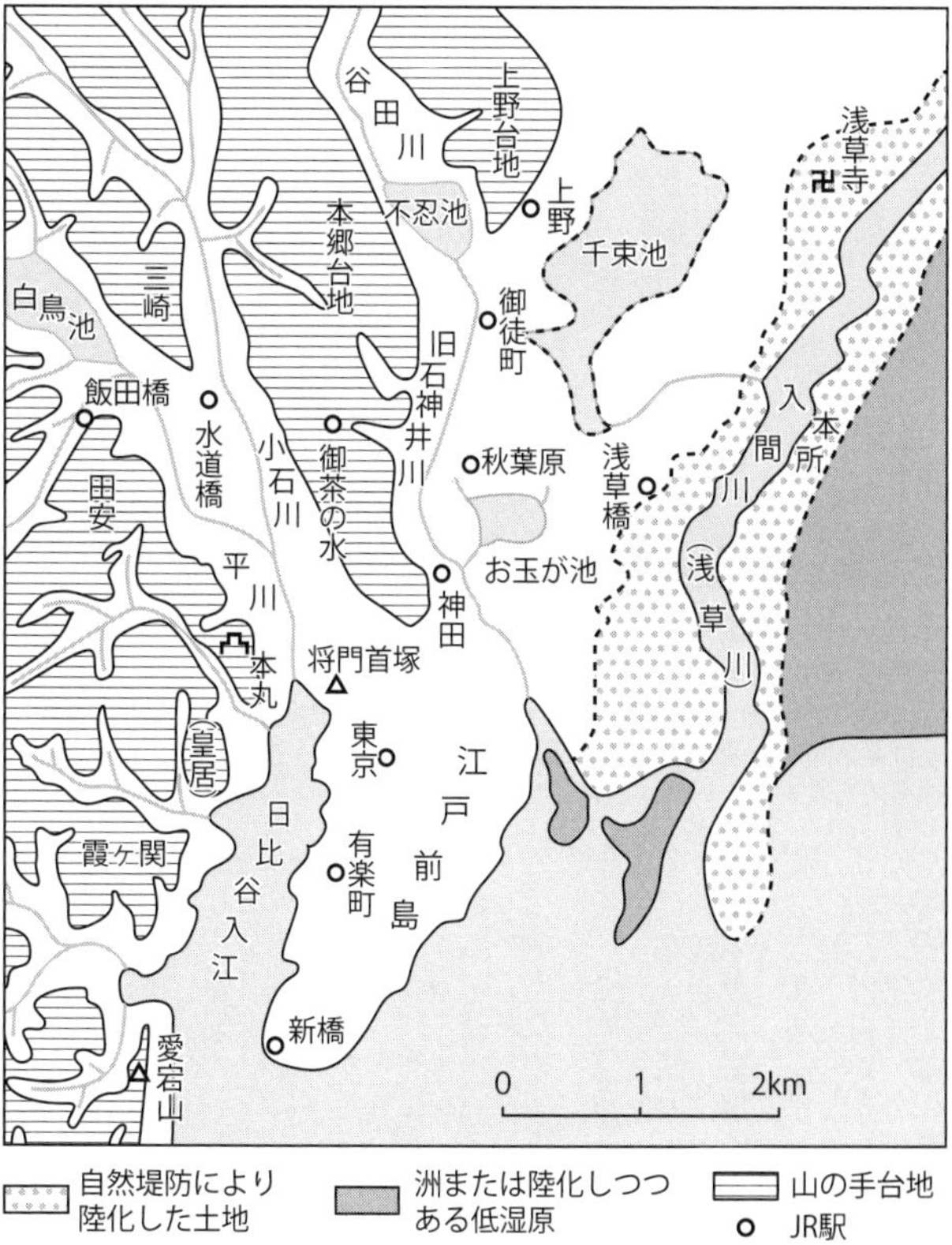

図5-2　江戸の原形（1540年頃）（鈴木 2006）

東京都心の本来の地形。図の江戸前島とは本郷台地の南に続く日本橋波食台地のことである。近世都市江戸はこの低い台地を中心に、その周囲を埋め立てながら、いわゆる大江戸を形成させていった。現在の大手町、丸の内、日比谷公園付近は日比谷入江と呼ばれる海だった。

写真5-2　聖橋《ひじりばし》から眺める神田川とそれを横断する東京メトロ丸ノ内線 口絵

右は中央線の御茶ノ水駅（図5-1）。中央で神田川を渡っているのは東京メトロ丸ノ内線。丸ノ内線は本郷台地のごく浅い所を通るため、開削された神田川を渡る際に一瞬地上に顔を出す。

台地と低地の関係を把握するには電車に乗るのがわかりやすい（図5－3）。東京のJR山手線に乗っていると、電車が地下に入ったり、高架の上を走ったりする。たとえば、目黒駅は地下にあるが、二つ先の渋谷駅では高架を電車が走る。電車はジェットコースターのように急に上昇したり下降したりできないため、軌道の高さを一定に保つ必要がある。そのため、高台になっている地形では地下を、谷のように低い地形では高架の上を走るのだ。つまり、山手線は、新宿では電車は地上より低い場所を走り、渋谷では地上より高いところを走っている。実はこのことと、新宿には古くから高層ビルが立ち並ぶ一方、渋谷の中心部に高層ビルがないことも大きく関係している（水野2015、2016）。

世界の気候環境は長年の歴史の間に大きく変化してきた（図5－4）。最終氷期の寒冷化とその後の温暖化によって、日本の地形も大きく変化した。最終氷期の時代には、気温が下がるにつれ、大陸には氷河が広がって、その広がった氷河の氷の分だけ、海に流入する水が減る。つまり海面が下がる。最終氷期のとき、日本付近では海面が現在よりも120～140mも下がった。

海面が下がるにつれ、海に流れ出ているすべての川は、海面が下がった分だけ川底を下に削っていく（図5－5）。これを河川の下刻《かこく》作用という。この河川の下刻作用によって、最も海面が下がった最終氷期の最盛期（2万年前）にはそれぞれの河川が大きく深い谷をつくった。その谷の深さや大きさは河口に近いほど大きく深い。

その後、氷河時代が終わって温暖化すると、解けた氷河が海に流れ出て海面が上がる。それぞれの河川は海面が上がるにつれ、その海面の高さに川の水が流れればいいので、河川の下刻作用は止まり、逆に河川が上流から運んでくる泥が谷底に堆積していくという埋積《まいせき》作用が働いていく（図5－5）。

したがって、氷河時代が終わり温暖な時代になると、渋谷川は渋谷の谷に泥を堆積させ、

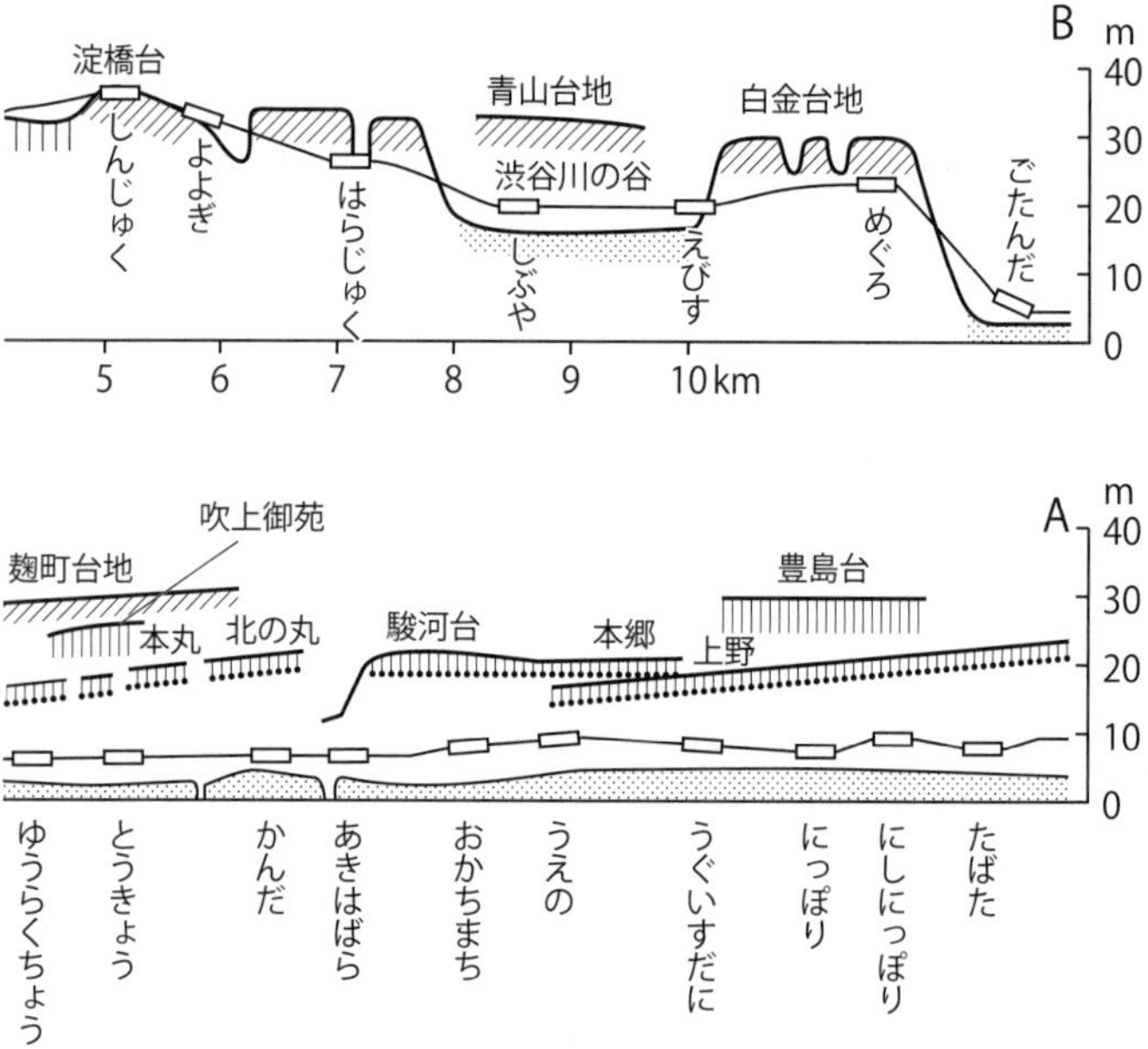
B
m
40
30
20
10
0
淀橋台
青山台地
白金台地
渋谷川の谷
しんじゅく
よよぎ
はらじゅく
しぶや
えびす
めぐろ
ごたんだ
5
6
7
8
9
10 km
A
m
40
30
20
10
0
吹上御苑
麹町台地
本丸
北の丸
駿河台
本郷
上野
豊島台
ゆうらくちょう
とうきょう
かんだ
あきはばら
おかちまち
うえの
うぐいすだに
にっぽり
にしにっぽり
たばた

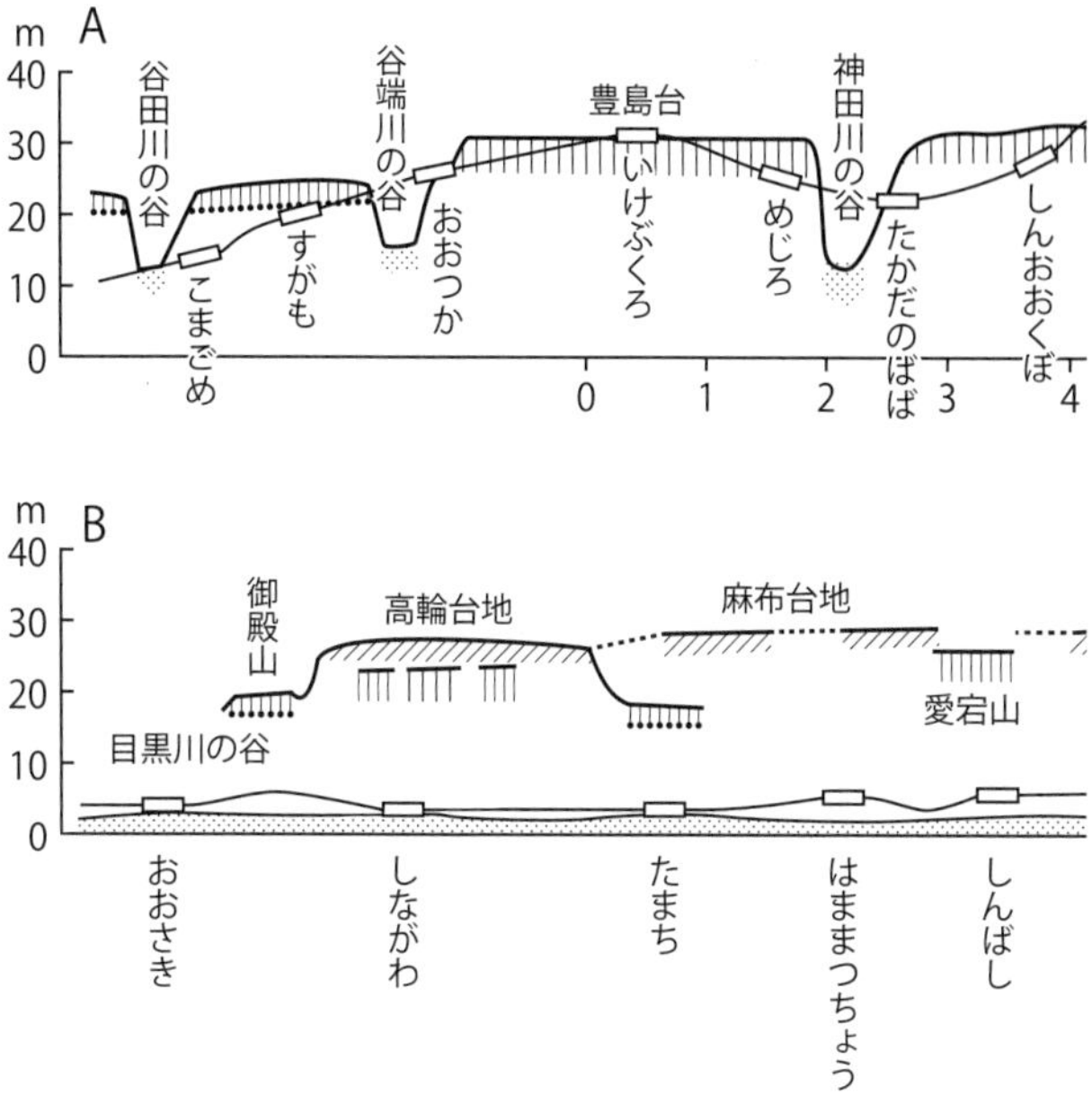

図5-3　山手線に沿う地形（貝塚 1990）

斜線を付けた台地はS面、縦線はM_1面、黒丸はM_2面（S面、M面は洪積台地）、点々は沖積低地。

ほかの河川もそれぞれ氷河時代に掘られた谷にその後泥をためていった。そのため、渋谷の谷はまわりより低い地形であるばかりでなく、その谷底は泥がたまって地盤が弱い。

もう少し詳細に見てみよう。いまから12万～13万年前の下末吉《しもすえよし》期と呼ばれた時代は、いまより温暖で海面が高く、東京湾の奥まで海水が侵入し、古東京湾を作っていた（図5－6）。そのときにすでに海面より干上がっていた高台のことを、洪積台地の下末吉面（S面）と呼

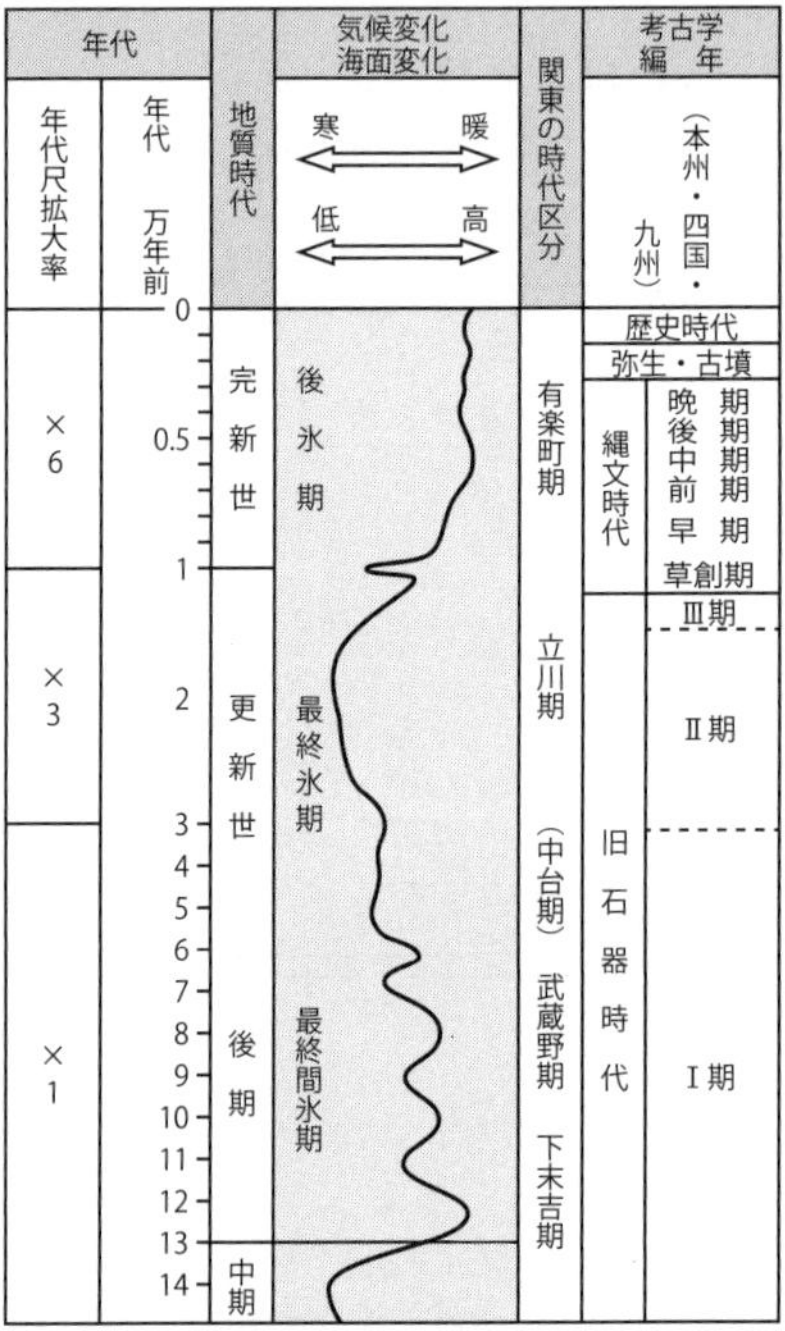

図5-4　過去12万年の編年図（貝塚 1990）

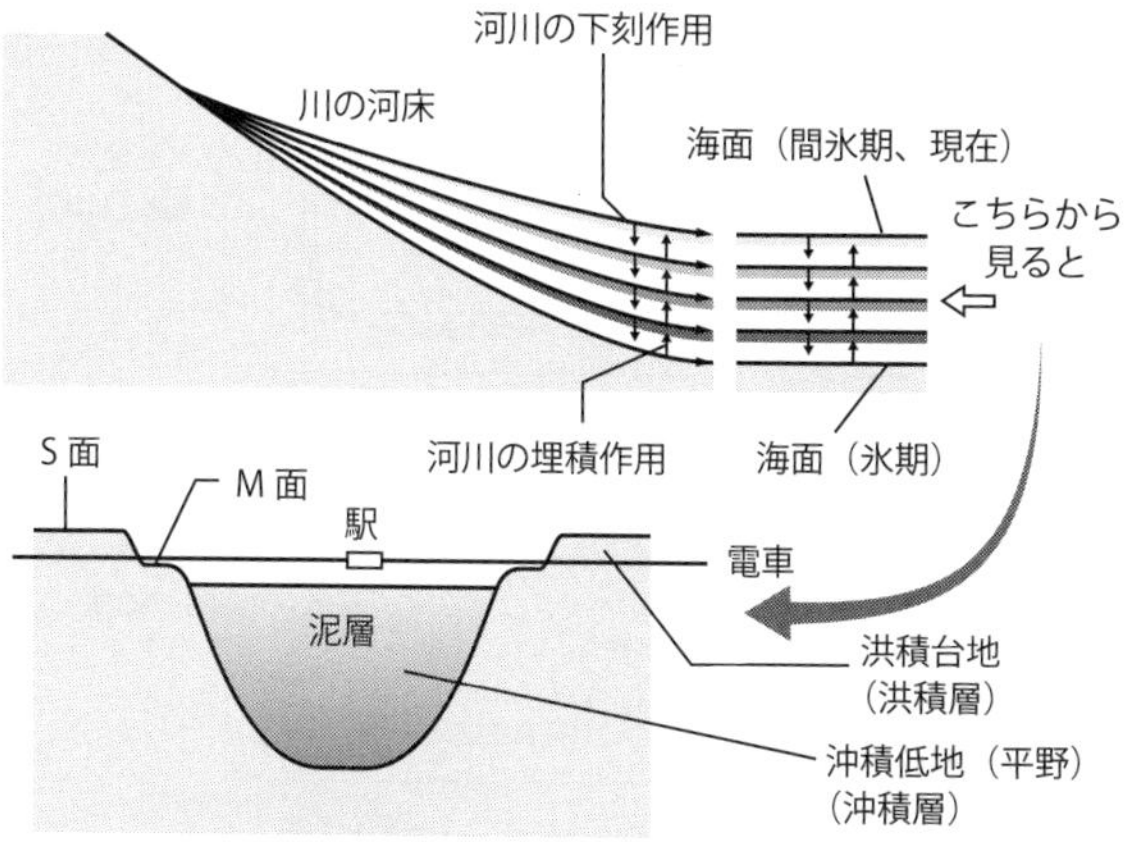

図5-5　氷期の海面低下にともなう河川の下刻作用と台地（洪積台地）と沖積低地の関係
上図：横断面図、下図：縦断面図

ぶ。約6万年前の武蔵野期には海面が少し下がって、新たに干上がった高台を洪積台地の武蔵野面（M面）と呼ぶ。

洪積台地（台地）とは、最終氷期の最盛期である2万年前以前にすでに海から顔を出していた高台のことを指す。また、それらの地形がつくられた時代をかつては「洪積世」と呼んでいた。一方、最終氷期につくられた谷に泥がたまった地形を沖積平野あるいは沖積低地と呼び、その泥の層を「沖積層」と呼ぶ。また、それらの地形がつくられた時代をかつては「沖積世」と呼んでいた。

そうなると洪積世と沖積世の時代区分は2万年前ということになるのだが、たしか

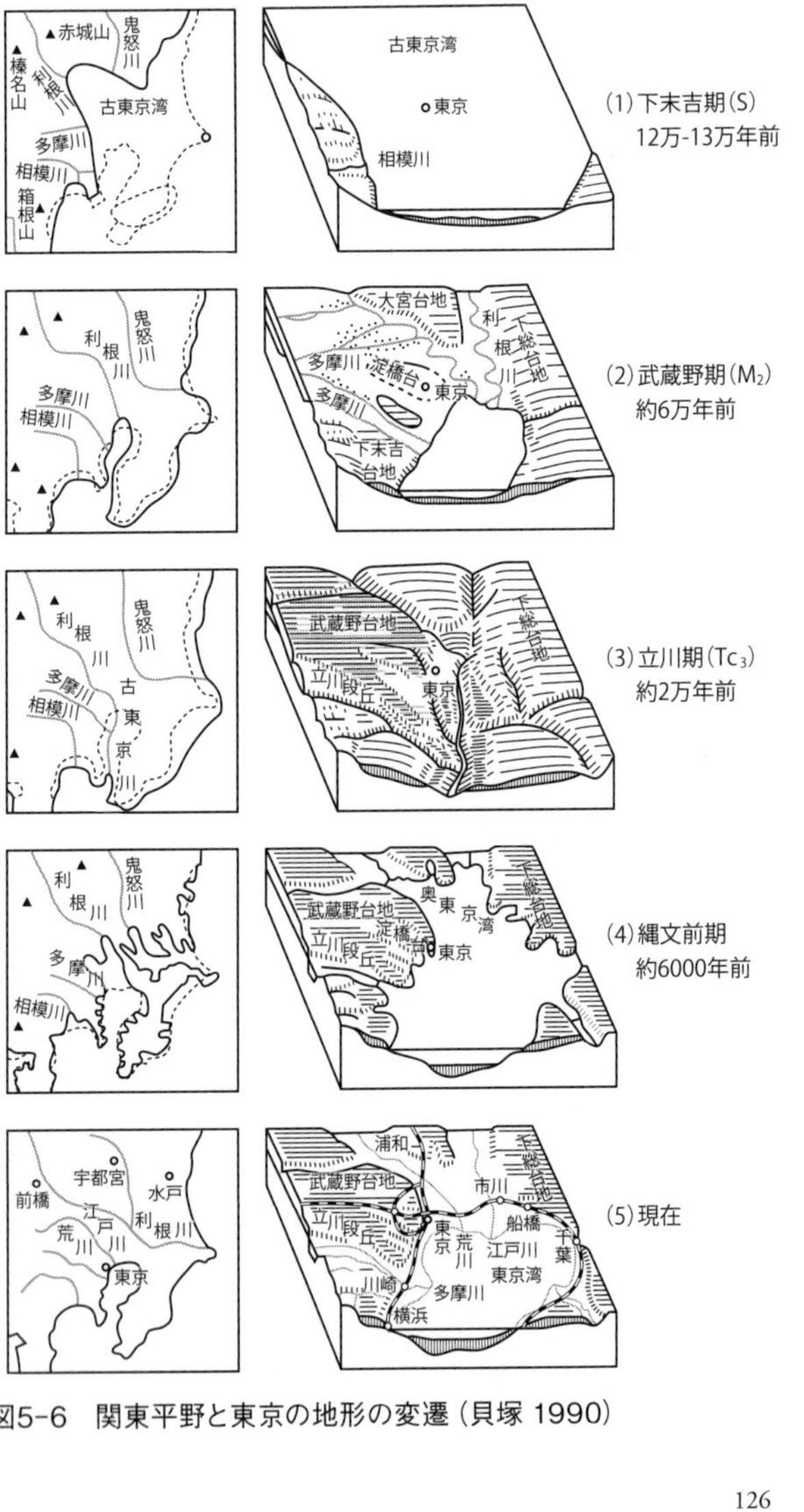

図5-6 関東平野と東京の地形の変遷(貝塚 1990)

に日本ではその地形区分から時代を２万年前で区分したほうがよくわかる。しかし、図５－４をもう一度よく見てもらいたい。約１万年前にやはり海面が下がった時代がある。このときにヨーロッパでは、同様な地形の差や地層の不《ふ》整合《せいごう》面ができた。日本ではこの１万年前の差は不明瞭であるが、ヨーロッパに合わせて、１万年前で時代区分され、現在から１万年前を完新世《かんしんせい》、１万年前以前を更新世《こうしんせい》と呼んでいる。したがって、現在では沖積世や洪積世という時代区分は使われず、また洪積台地も単に台地と呼ぶようになってきた。

◆渋谷に高層ビルが少ない理由

およそ２万年前の氷河時代最盛期には最も海面が下がり、それぞれの河川が下刻作用で大きな谷を掘った。そして約６０００年前の縄文時代はいまより温暖で海面が上がり、東京湾は奥のほうまで海水が侵入して、奥東京湾をつくった。

その頃生きていた縄文人はその奥東京湾の海岸で貝を取って食べ、その貝殻を捨てた。それがたとえば有名な大森貝塚である。現在の大森は縄文時代には海岸線だったのだ。

ＪＲ山手線沿線を平面図で概観すると、渋谷駅は氷河時代に渋谷川の下刻作用でつくられた谷に泥がたまった沖積低地、品川駅から田端駅までは、古東京川がつくった大きな谷に泥がたまった沖積平野の西端で、上野駅と田端駅の間はすぐ西に洪積台地のM（武蔵野）面である本郷台があり、その崖下を電車は走っている（図5－1）。池袋駅は洪積台地のM面である豊島台、新宿駅は洪積台地のS（下末吉）面である淀橋台である。断面図の図5－3を見ると高低差がよくわかる。

地面より高いところにある渋谷駅を出た電車は洪積台地のS面である白金台地に来ると地下にもぐり、目黒駅は地下にある。目黒駅から五反田駅はS面から沖積平野に一気に下りるため、電車に乗っているとき注意していると、電車が徐々に下っていくのがわかる。五反田から田端駅まで沖積平野を走り、そこから徐々に電車は上っていき、池袋駅でM面まで上り、神田川の沖積低地である高田馬場で少し下がってから、新宿駅で最高地点のS面まで上る。新宿駅では陸橋からその下をJRが走っているのが見える。そして新宿駅から渋谷駅までまた下がっていくのである。

新宿には古くから高層ビルが立ち並んでいるが、渋谷の中心部に高層ビルが少ないことについても説明しよう。東京はJRの山手線内が都心であり、そこから郊外に延びている私鉄への乗り換え駅にデパートや専門店街が集中する副都心が発展した。つまり、新宿、渋谷、池袋、品川、上野が副都心に相当する。副都心は地価が高いため、ビルが高層化するが、高

写真5-3　鶯谷《うぐいすだに》駅すぐ西の上野台地から山手線の線路を越えて東の沖積低地の方に下る歩道橋

層ビルを建てるとき、建設費の高低には地盤の硬さが関わってくる。12万年前以前に形成された高台の新宿が最も地面が硬く一番建設費が安く済む。その次が６万年前にできたＭ面の池袋。一方、２万年前の氷河時代に河川の下刻作用で掘られた谷に、その後泥がたまった沖積低地である渋谷、品川、上野は、高層ビルを建てるのに建設費がかさむのである。

◆名古屋城の地形的立地

名古屋城は沖積平野の中にある熱田《あつた》台地の北西端にある（図５－７、写真５－４）。すなわち名古屋城から周囲の沖積平野を広く見渡すことができ、また台地と低地との境界の崖

写真5-4　名古屋城を北側から見たところ

名古屋城は熱田台地の北西隅に建設されたため、名古屋城の地盤は北側より標高が高い。

写真5-5　地盤より下にある千種駅 口絵

熱田台地の掘割の中を電車が走るため、千種駅は周りの地盤より下に位置している。

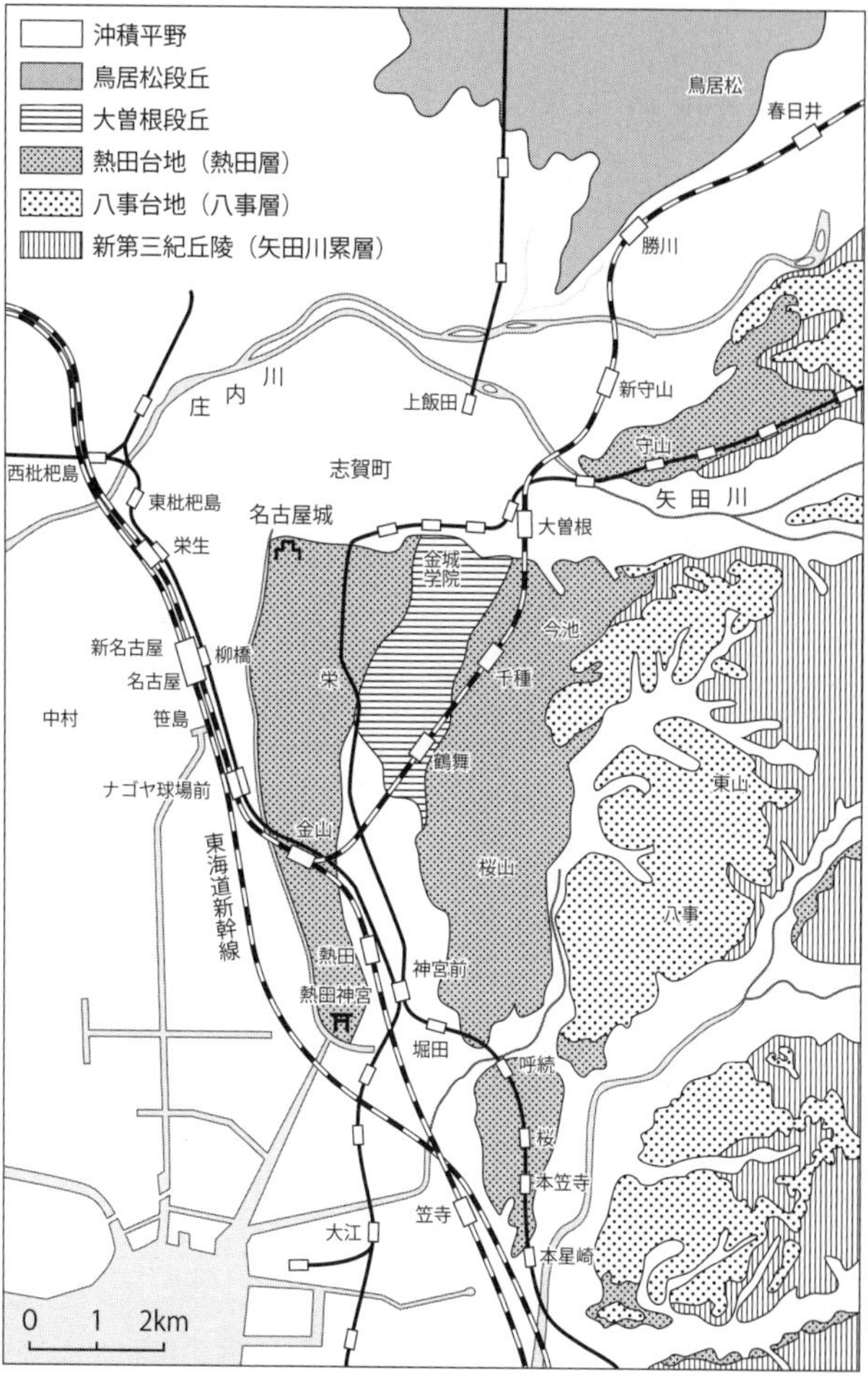

図5-7　名古屋市域の地形（井関 1994）

が自然的防御の役割を果たしている。この地に、今川氏が那古野《なごや》城を築城し、織田信秀、信長が居城した。その跡地付近に、徳川家康が命じた天下普請《てんかぶしん》によって名古屋城が築城されたのである。

名古屋駅は低地の沖積平野にあるため高架ホームになっており、そこから中央本線は洪積台地の熱田《あつた》台地を横断する。その横断中は切り通しの掘割の中を電車は走っていく。建物や人は上のほうに見える。金山《かなやま》駅のホームも地下に下りて掘割の中にある。金山駅を出てしばらくすると山崎川がつくる沖積低地に出て、またしばらくすると洪積台地の大曽根《おおぞね》段丘を横断し、さらに熱田台地を横断し、千種《ちくさ》駅も地下の掘割の中にある（**写真5－5**）。そして、庄内川がつくった沖積平野に出て大曽根に到着する（水野2015、2016）。

熱田台地はいまから5万～15万年前にできたといわれ、周辺の沖積平野より6－10m高い。そのため、名古屋城はまわりが見渡せる熱田台地の北西端に建設された。縄文時代に海面が上昇して陸地の奥まで海が侵入することを「縄文海進」というが、縄文海進最盛期には、海は名古屋城がある場所の北をまわり、大曽根付近まで入っていた。

そのため、大曽根付近にある金城《きんじょう》学院中学校の場所には縄文中期の長久寺《ちょうきゅうじ》貝塚があり、アサリやカキ、シオフキなどの貝殻が堆積していた。熱田付近の熱田台地の西側の崖は、5

０００～６０００年前頃の縄文海進の際に波の侵食でできた海食崖《かいしょくがい》である。熱田神宮が創建された６世紀頃は、そこが海岸であり、古墳時代後半の５世紀なかば頃から盛んであった海上ルートの開発により、伊勢湾の最奥部を占めるこの地の重要性が高まったのであった。

◆大阪城の地形的立地

大阪城は沖積平野の低地の中に岬のように飛び出た上町《うえまち》台地の北端に位置している（**写真5-1、5-6**）。豊臣秀吉によって１５８３～１５９８年に上町台地の北端に大阪城が建築されたのであった。城からは三方に渡る沖積平野を広く見渡すことができた。すぐ北の台地下には淀川本流が流れていて天然の要害《ようがい》となっていた。また、この淀川を上ると京都に繋がる交通の要衝《ようしょう》でもあった。

大阪の地形を見てみると、**図5-8**のように示される。成瀬（１９８５）にしたがって大阪平野の成り立ちを説明すると次のようになる。

海抜５ｍの線は６０００年前の海岸線とほぼ一致し、海抜５ｍ以下の地域は６０００年前以降（縄文海進の後の海退期）に淀川・大和《やまと》川・猪名《いな》川・武庫《むこ》川などが三角州をつくりながら内湾を埋め立てていってつくられた低地にあたる。

写真5-6　南西から見た大阪城
上町台地の北端に建設された大阪城の北側の沖積平野にはビル群が広がっている。お城の堀のすぐ外側には淀川の支流の大川と寝屋川が流れ、さらに北側には淀川本流が流れている。

この低地は上町台地から北に長く延びる砂州（天満《てんま》砂州）によって2つに分けられる。東半分は河内《かわち》平野（東大阪平野）で、縄文海進後に天満砂州によって区切られてできた大きな潟湖《せきこ》が、淀川や旧大和川の堆積物で埋め立てられた場所で、近世まで池や沼沢地の多い湿地帯であった。西半分は大阪海岸低地・武庫海岸低地と呼ばれ、かつての海岸線（5m線）の北側に接して伊丹台地や池田豊中台地があり、台地南縁の一部に縄文海進時の波で削られた海食崖が見られる。

大阪海岸低地は天満砂州を横切って大阪湾に注いだ淀川がつくった、14世紀以降の新しい三角州平野である。海抜5m以上の沖積平野の主要河川沿いは、自然堤防と後背湿地か

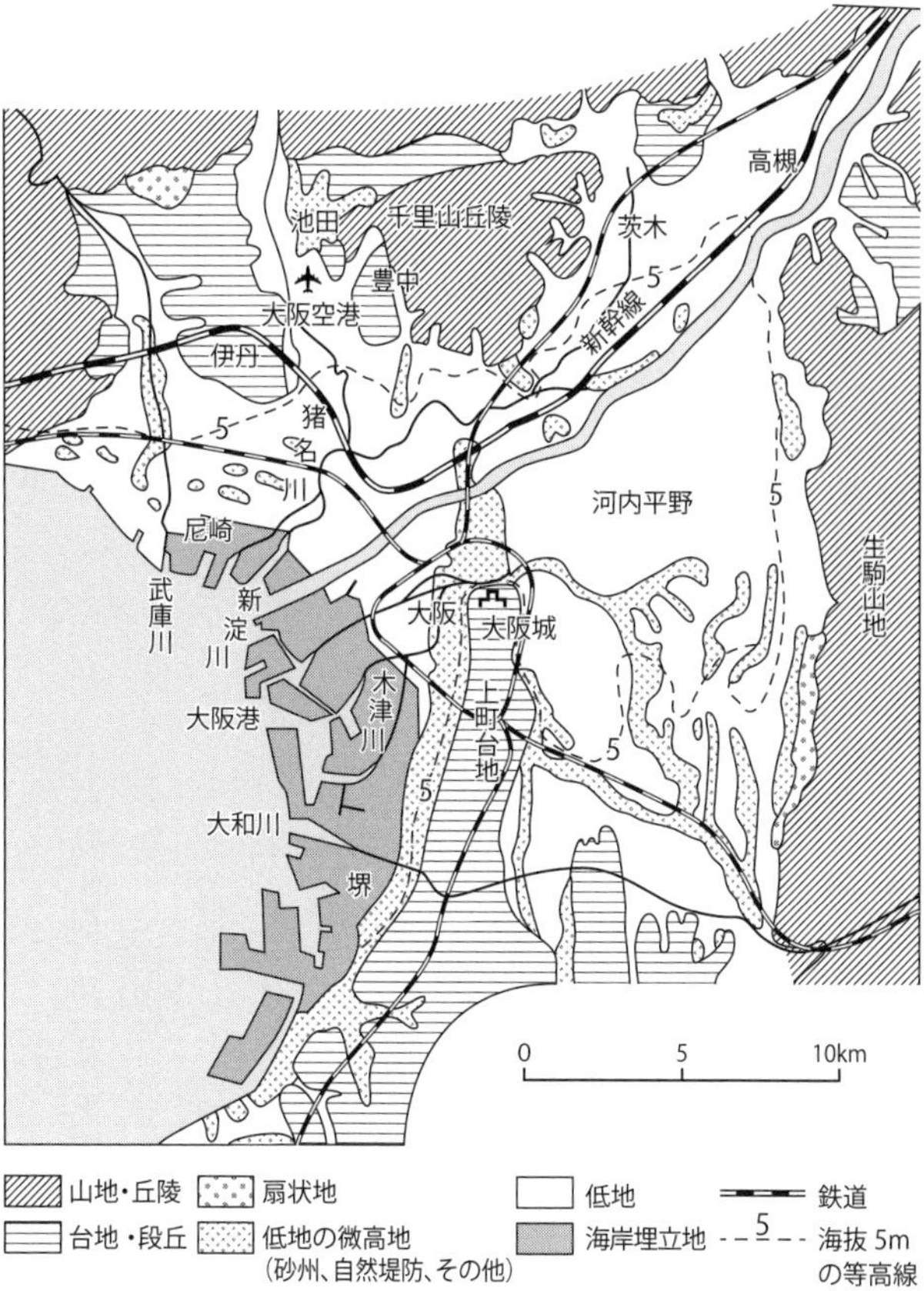

図 5-8　大阪平野の地形（成瀬 1985）

らなる自然堤防地帯（氾濫原《はんらんげん》）となっている。

もう少し時代を細かく見ていくと、約9000年前に現在の大阪湾岸近くにあった海岸線は、2000年後には20㎞以上内陸にある高槻から生駒山麓まで達し、河内平野は一つの大きな内湾（河内湾）となった（図5－9ⓐ）。その証拠として、河内平野中央部の茨田諸口《まったもろくち》や門真《かどま》・三島から6000年前頃の内湾性の貝やクジラの骨が出土したことがあげられる。6000年前頃から海面は次第に低下し、海岸線が前進していった。6000年前頃から上町台地の西側海岸で海食崖ができ、削られた土砂は台地の北の麓の波食台の上に砂州（天満砂州）をつくり、砂州は5000～4000年前頃には次第に北へ延びて河内湾の出口を狭めていった。湾の北東の隅からは淀川が鳥趾状《ちょうしじょう》三角州をつくって前進し、旧大和川の三角州も南東から延びて、河内湾は縮小していった。3000～2000年前頃には天満砂州と淀川・旧大和川三角州の発達により、河内湾は水域が狭まるとともに湾奥部に淡水域が現れ、潟湖（河内潟《かわちがた》）となった。その証拠として生駒山麓の日下《くさか》遺跡の貝塚がほとんど淡水棲のセタシジミであることがあげられる（図5－9ⓑ）（成瀬1985）。

1800～1600年前には淀川三角州の先端は天満砂州に近づいて、河内湾はほぼ完全に淡水湖（河内湖）となり、その証拠として、天満に近い森ノ宮遺跡などでセタシジミなど

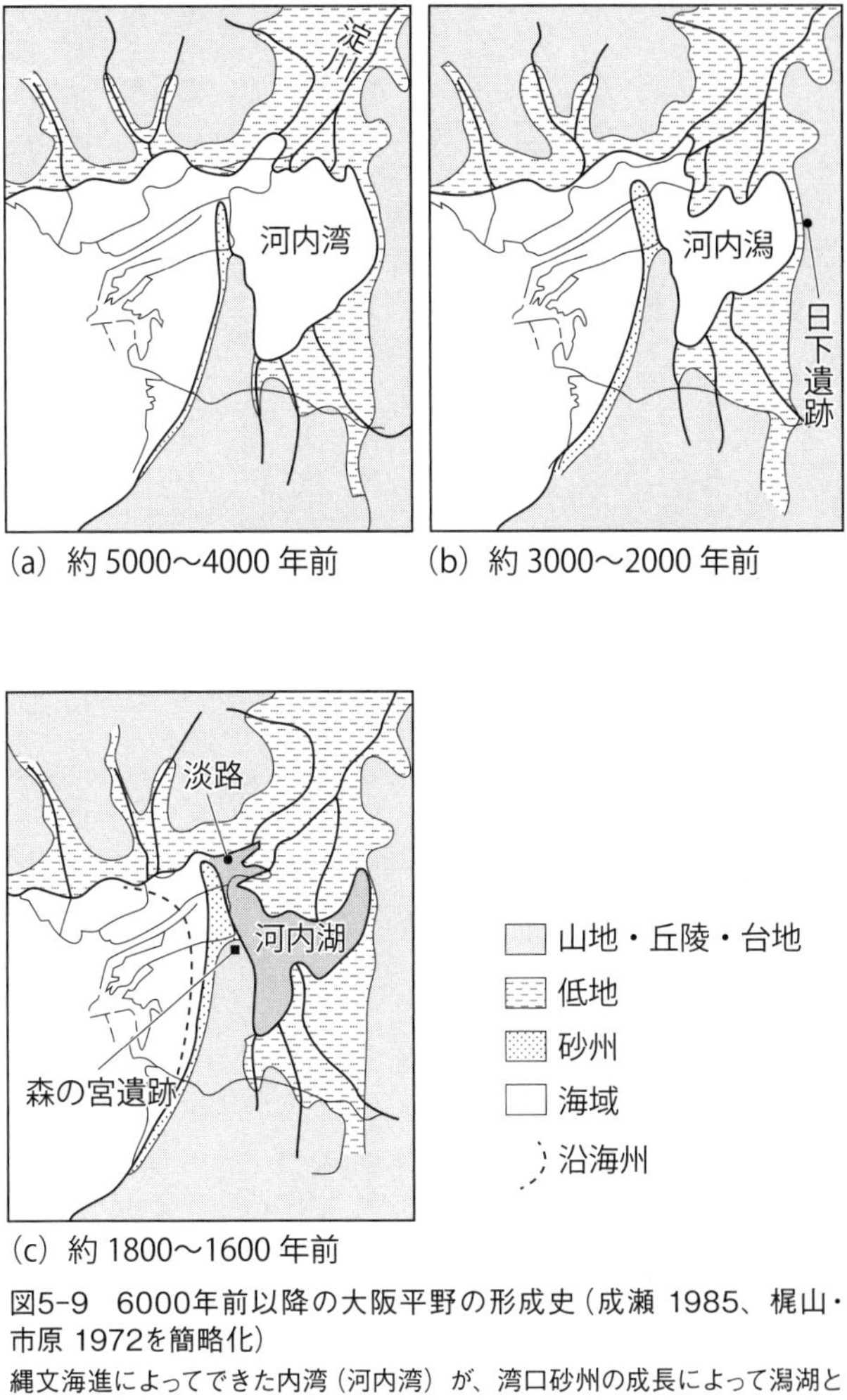

(a) 約 5000〜4000 年前
(b) 約 3000〜2000 年前
(c) 約 1800〜1600 年前

図5-9　6000年前以降の大阪平野の形成史（成瀬 1985、梶山・市原 1972を簡略化）
縄文海進によってできた内湾（河内湾）が、湾口砂州の成長によって潟湖となり、湖となって次第に陸化していく様子がわかる。

の淡水貝が出土している（図5－9(c)）。河内湖はさらに縮小して中世には北東側に深野池《ふこのいけ》、南西側に新開池《しんかいいけ》という2つの大きな池になった（写真5－7）。新開池は江戸時代に行われた大和川の付け替え工事と新田開発により消滅した。現在、河内湾の名残をとどめるのは門真市の弁天池と大東市の深野池のみである。

1600年前頃、砂州の付け根が自然に切れて、湖水は砂州を横断して直接大阪湾に注ぐようになった。この切断箇所はその後に人工的に掘り下げられて淀川の本流となる。大阪湾沿岸では、2000年ぐらい前から尼崎から大阪南部にかけて海中に沿岸州が形成され、その後の海退によって14～17世紀頃には平野の一部となる。それ以降は沿岸州の外側に河川の三角州が発達し、船場《せんば》、道頓堀《どうとんぼり》から西の大阪海岸低地や武庫低地が離水（もともと海底であった場所が陸地になること）した。江戸時代には干拓によってさらに海岸線が前進し、現在の大阪平野が成立したのである（成瀬 1985）。

大阪城の場所のすぐ南には、645年の大化改新《たいかのかいしん》によって上町台地に新たな王宮や政治機関が移り、首都の機能を集中させた難波宮《なにわのみや》が建設された。また、天王寺《てんのうじ》あたりでは、上町台地の西側に縄文海進時の海食崖がみられ、そこには天王寺七坂《ななさか》と呼ばれる七つの坂がある（写真5－8）。坂の上からは海食崖下方の街並みを見渡せる（写真5－9、水野 2016）。

大阪城は秀吉によって上町台地の北端につくられたため（図５－８、写真５－１、５－６）、三方を猫間川・平野川・大和川・淀川・東横堀川などに防御的に守られていたが、南方だけが空堀《からぼり》（水の張っていない堀）のみであったため（幅約２００ｍの谷があったという説もある）、

写真5-7　かつての河内湾の名残である深野池 口絵

写真5-8　清水坂《きよみずざか》（上町台地の縄文海進時の海食崖にある7つの坂のうちの1つ）
天王寺《てんのうじ》七坂《ななさか》は上町台地の斜面にある7つの坂の総称である。

写真5-9　清水坂の上の新清水寺から見た台地崖下の街並み

南方から攻められると袋小路になり、大きな弱点であった。この点は江戸城や名古屋城と異なる点である。大坂冬の陣の際に、真田信繁（幸村）は南からの攻勢を想定し、大阪城の南（現在の大阪明星学園付近）に出城の真田丸を築き、自ら守備に就いて南からの徳川軍の攻撃を食い止めようとしたのであった。徳川軍の注意を引き付ける役目が大きく、前田利常や井伊直孝、松平忠直などの軍勢による攻撃を受けたが、信繁は徳川方の兵を策によって多く引き込んで破ることに成功した。冬の陣の終了後、和議の条件により真田丸は破壊された。

◆ドイツのお城の立地

ドイツには中世の古城が数多く残っている。それらのお城は日本と同様、防御的役割から周囲が見渡せるような小高い場所に立地していることが多い。その1つの例を示す。ドナウ川沿いの高台に8～9世紀頃のお城の廃墟が残っている（**写真5－10**）。この高台からはレーゲンスブルクの市街地が一望できる（**写真5－11**）。

レーゲンスブルクは地質的に特異な場所にある。現在から6600万年前までの新生代という時代の、すなわち第四紀、第三紀という時代の地質、それから、6600万年前から2億5200万年前までの間の中生代の地質、それから、2億5200万年前より古い、古生代および5億4000万年前より古い先カンブリア時代の地質。これら3つの異なった地質が1点で交わった場所にレーゲンスブルクはある（図5-10）。そして、古生代・先カンブリア時代の地質と、新生代の地質の境界、すなわち「Donaurand断層」と呼ばれる横ずれ断

写真5-10　ドイツ、バイエルン州、レーゲンスブルク近郊にある8-9世紀頃のお城の廃墟

写真5-11 お城が立地している、古生代のミロナイトでできた高台(Donaustauf)からのドナウ川流域の景観

古生代の地質の高台の眼下にDonaurand断層に沿って流れているドナウ川が見られる。このドナウ川より向こう側が新生代の第三紀、第四紀の地質からなる低地で、とくに第四紀のレスの堆積した場所は農業をするのに適した場所になっている。

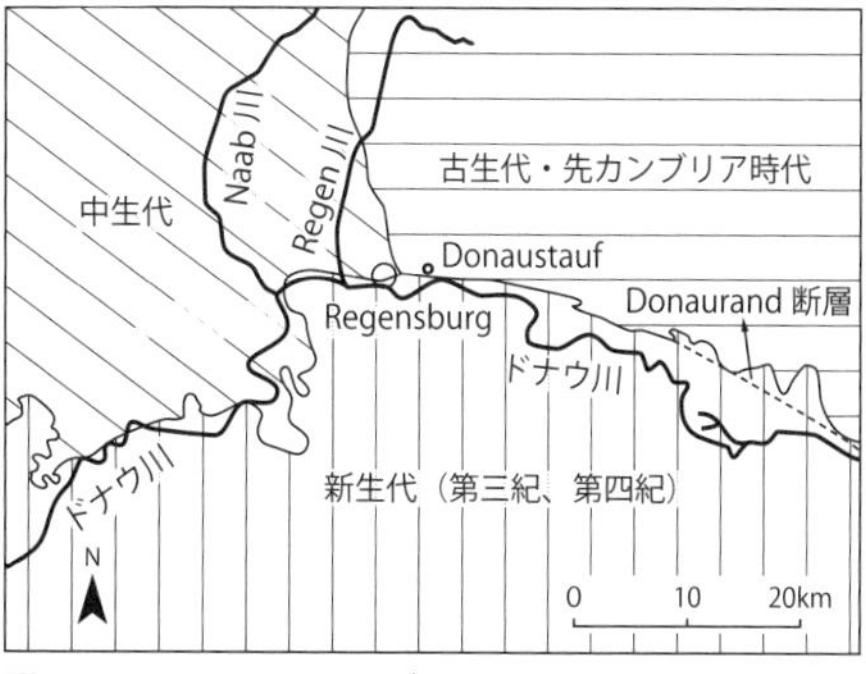

図5-10　レーゲンスブルク周辺の地質図（水野 2005）

層に沿ってドナウ川が流れている（写真5－11）（水野2005）。

レーゲンスブルクの北東が古生代から先カンブリア時代の地質で花崗岩や片麻岩《へんまがん》、ミグマタイト、アナテクサイト、花崗閃緑岩《かこうせんりょくがん》などが分布し、その分布域の南限のDonaurand断層に沿ってミロナイト（マクロナイトとも。動力変成岩の一種）が分布している。この古い地質の場所は、最高で海抜1450mほどある全般的に高まった地形である。新生代や中生代の地質の場所が最高でも400－500mしかないのに比べると、全般的に標高が高い。

レーゲンスブルクの北西は中生代のジュラ紀（マルム期、ドッガー期）と白亜紀の地質で、石灰岩が広く覆い、粘土や砂岩、泥灰岩《でいかいがん》などが見られるところである。レーゲンスブルクの南部は新生代の地質で、第三紀の堆積物（粘土やシルト、礫岩など）や第四紀のレス（黄褐色の細粒物質からなる風積土《ふうせきど》）が分布し、とくにドナウ川に沿ってレスの分布が顕著である。

3つの異なった地質が一点に交わったレーゲンスブルク市街地を少し東に行ったドナウ川のすぐ北側のDonaustauf という地名の場所には、古生代の地質の南限に分布するミロナイトの場所から新生代の地質のほう（ドナウ川の向こう側）を遠望できる高台がある（写真5－11）。この高台をつくるミロナイトは、このあたりに分布する花崗岩が、断層に沿った運動による変成作用を受けてできあがったもので、一般に、断層の変形にともなって形成される断層岩のうち、地下深部で塑《そ》性《せい》流動《りゅうどう》（圧力を受けて流動するように変形すること）を受けたもののことをいう。チャート様の緻密な岩石のため、侵食されずに高まりを残している（チャートとは、放散虫《ほうさんちゅう》などが深海底に集積してできた堆積岩で、細かい石英から成る緻密で硬い岩石を指す）。その高台に8～9世紀頃には城が建てられたのであった。

引用文献

井関弘太郎（1994）：『車窓の風景科学―名鉄名古屋本線編』名古屋鉄道株式会社
貝塚爽平（1990）：『富士山はなぜそこにあるのか』丸善
梶山彦太郎・市原　実（1972）：「大阪平野の発達史」『地質学論集』7号、101-112
鈴木理生（2006）：『スーパービジュアル版　江戸・東京の地理と地名』日本実業出版社
成瀬　洋（1985）：「西南日本に生じた構造盆地」、貝塚爽平・成瀬洋・太田陽子『日本の平野と海岸』岩波書店、165-184
水野一晴（2005）：『ひとりぼっちの海外調査』文芸社
水野一晴（2015）：『自然のしくみがわかる地理学入門』ベレ出版
水野一晴（2016）：『気候変動で読む地球史――限界地帯の自然と植生から』（NHKブックス1240）NHK出版

第6章

なぜ、そこに山があるのか？

――富士山、アポイ岳、早池峰山、南アルプス、中央アルプス、北アルプス、丹沢山地、比叡山、比良山地、大文字山、吉田山、ヒマラヤ、エベレスト、キリマンジャロ、ケニア山、ルウェンゾリ山地――

写真6-1　南アルプスから遠望した富士山

ヒマラヤ山脈のような7000～8000m級の高い山脈もあれば、平地の中にぽつんと孤立する小さな山、たとえば京都大学のキャンパスのすぐ脇にある吉田山（標高105m）のような山もある。

これらの山はどのような成り立ちで誕生したのか、代表的な山や奇妙な山までいくつか取り上げてみたいと思う。

◆富士山——地球上でただ1つの特異な場所

太平洋東部や大西洋中央には南北に走る中央海嶺とよばれる盛り上がった割れ目があり、毎年数cmずつ東西に拡大している（図6-1）。開いた割れ目がマントルの上昇部にあたり、玄武岩質のマグマが供給され、新しい地殻、すなわちプレートが生産されている。地球表層は地殻と上部マントルからなる、厚さ100kmくらいの14～15枚もの硬い岩盤であるプレートに覆われて、それぞれが移動している。

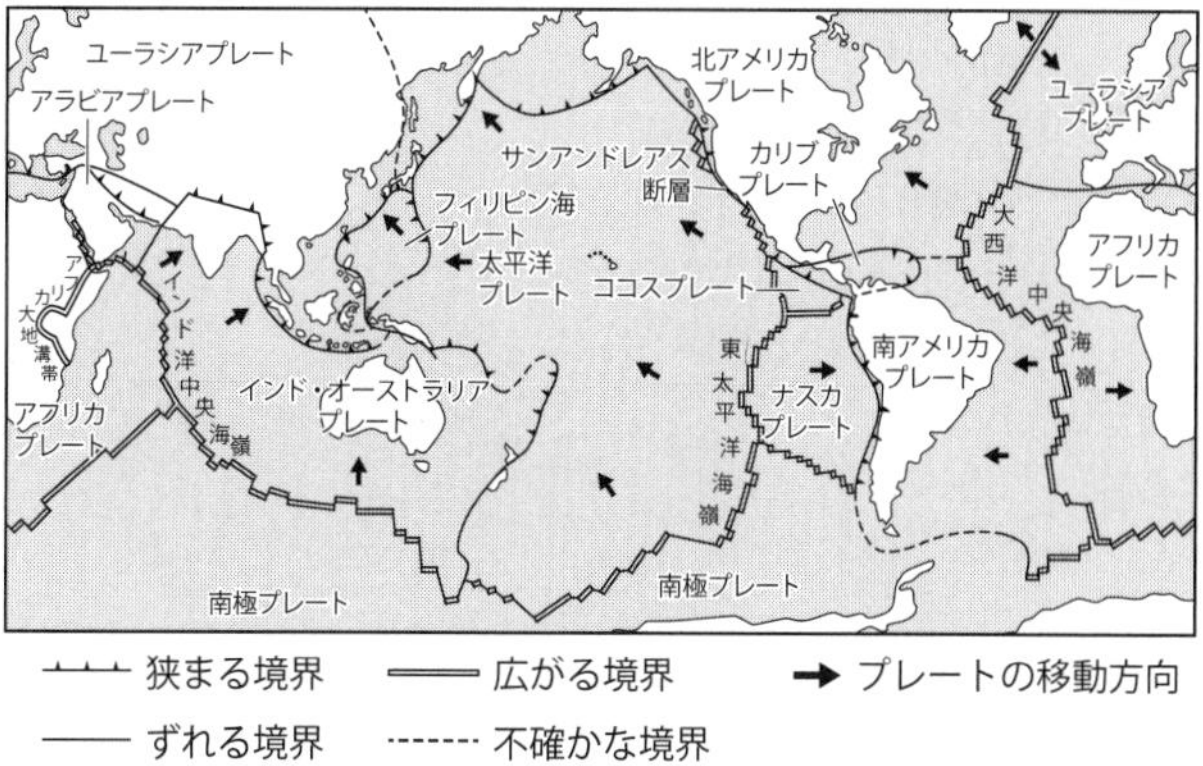

図6-1　世界のプレートとその移動

プレートには、大陸プレートと海洋プレートがあり、海洋プレートは大陸プレートよりも強固で密度が高いため、２つがぶつかると海洋プレートは大陸プレートの下に沈んでいく。西に進む太平洋プレートは日本海溝のところで、北アメリカプレートの下に沈み込む（図６－２）。北西に進むフィリピン海プレートは南海トラフのところで、ユーラシアプレートの下に沈み込んでいる。沈み込んだプレートは、海溝やトラフから深さ１００～１５０㎞ぐらい、距離にして２５０～３００㎞ぐらいのところで熱がたまって岩盤が溶け、マグマが生成される。そのマグマが地殻の弱い部分をつたって、地上に現れたのが火山である。

　したがって、日本付近には日本海溝から伊豆・小笠原海溝に平行に東日本火山帯があり、南海ト

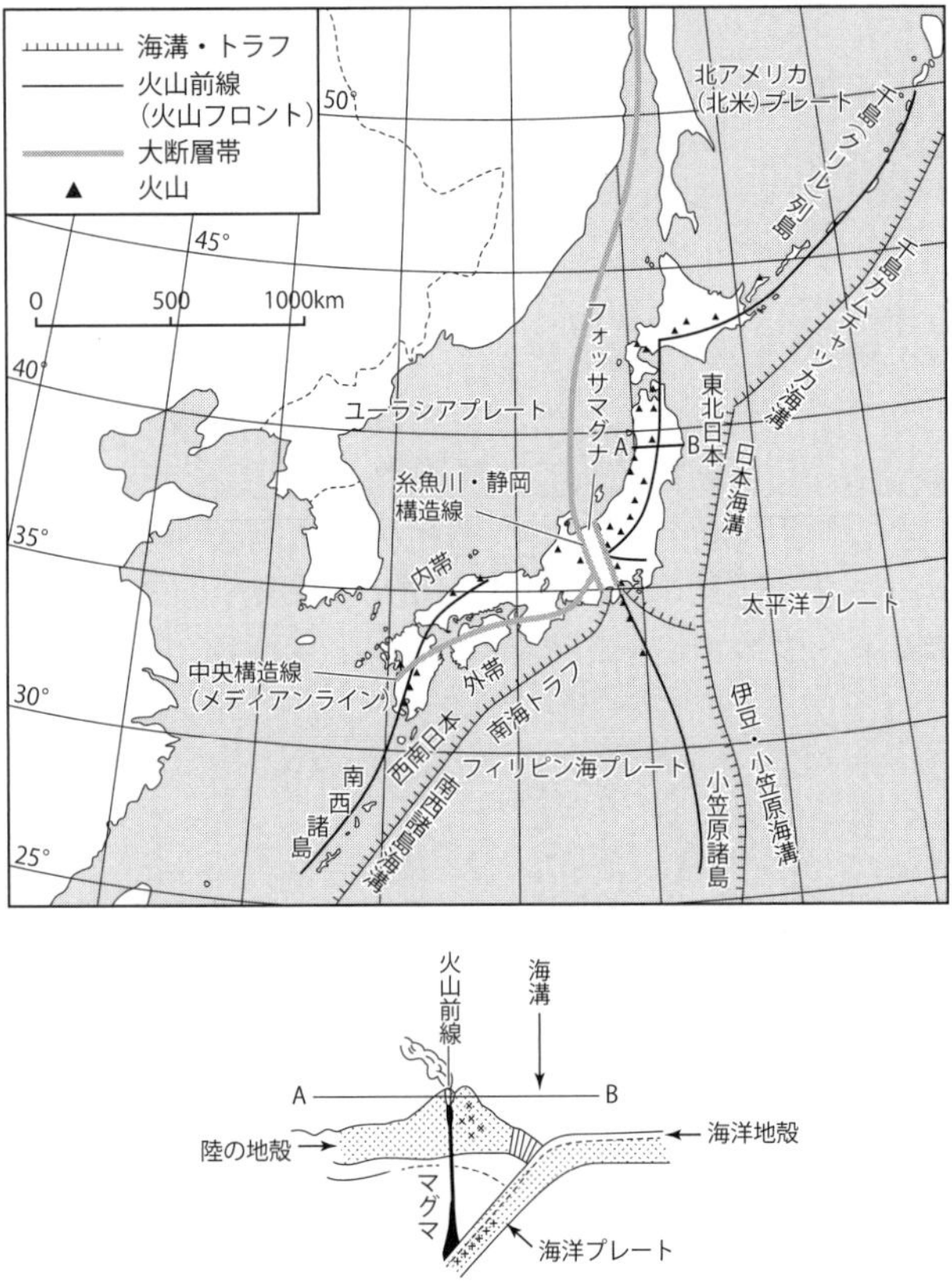

図6-2　日本の位置と地帯構造（権田ほか 2007、広島1991）

ラフ（トラフとは海溝よりは浅い細長い海底の凹地）に平行に西日本火山帯がある（図6－2）。火山帯の内部では、海溝側の縁に近いほど火山の分布密度が高く、海溝の反対側（大陸側）に行くほどまばらになるため、火山帯の海溝側の縁を火山フロント（火山前線）と呼んでいる。東北日本では、脊梁山脈の中央部を火山前線が走るため、多くの火山がほぼ南北に連なって密集している。火山前線から日本海溝側にはまったく火山が存在しない（図6－2）。

日本周辺の北アメリカ、ユーラシア、フィリピン海という３つのプレートが富士山の場所で会合している（図6－2）。つまり割れ目の境界である。さらに、そこを火山フロント（火山前線）が横断し、もっともマグマが噴出しやすい場所となっている。地球上でそのような特異な場所はここしかない。たまたま富士山がそこにあるのではなく、地球上でただ１つの特異な場所だからこそ必然的に富士山があるのだ。これについては、貝塚爽平先生の著書『富士山はなぜそこにあるのか』（１９９０年、丸善）に詳しい。

いまから数十万年前に、箱根火山や愛鷹《あしたか》火山の活動が始まり、ほぼ同じ頃、小御岳《こみたけ》火山が噴火を始めた。小御岳火山は多量の安山岩溶岩や火山灰、火山砂礫を噴出し、爆発を繰り返しながら大きくなり、標高２４００ｍほどになったと考えられている。富士山北部の五合目にある小御岳神社は、その山頂火口（直径約１・５㎞）の一部につくられ、神社付近の泉ヶ滝では安山岩が露出している。富士山北斜面のスバルライン終点の駐車場は、小御岳火山の山体が富士山本体の横腹に頭を出している平坦部につくられている。

その後、いまから10万年前に、小御岳火山と愛鷹火山との間で、古富士《こふじ》という火山が活動を始め、いまの富士山のような形の山体がつくられた。古富士は、現在の富士とは異なる性質のマグマを噴出し、爆発的な噴火を繰り返し、玄武岩の岩片と火山灰の混合物、古富士泥流を西は富士川岸、東は酒匂川《さかわがわ》上流まで流した。この古富士は、高さ約2700mに達し、その噴出した火山灰は風で東に運ばれ、関東平野を覆う関東ローム層の上部をつくった。この古富士が流した古富士泥流は、白糸の滝や宝永山の赤岩で見ることができる。

1万7000年前から8000年前にかけてマグマの性質を変化させ、多量の溶岩を流す噴火に変わり、5500万年前から3600万年前頃にかけての噴火活動で大きく成長して、現在の3776mの新富士がつくられた（町田 2006）。

富士山は日本で一番高い山であるが（写真6-1）、日本アルプスや日高山脈で見られるような、カールやモレーン、U字谷といった明瞭な氷河地形が見られない。日本アルプスに氷河があった2万年前頃、富士山は存在していたが、その後の富士山の活発な火山活動により、地表は噴出物で覆われている。

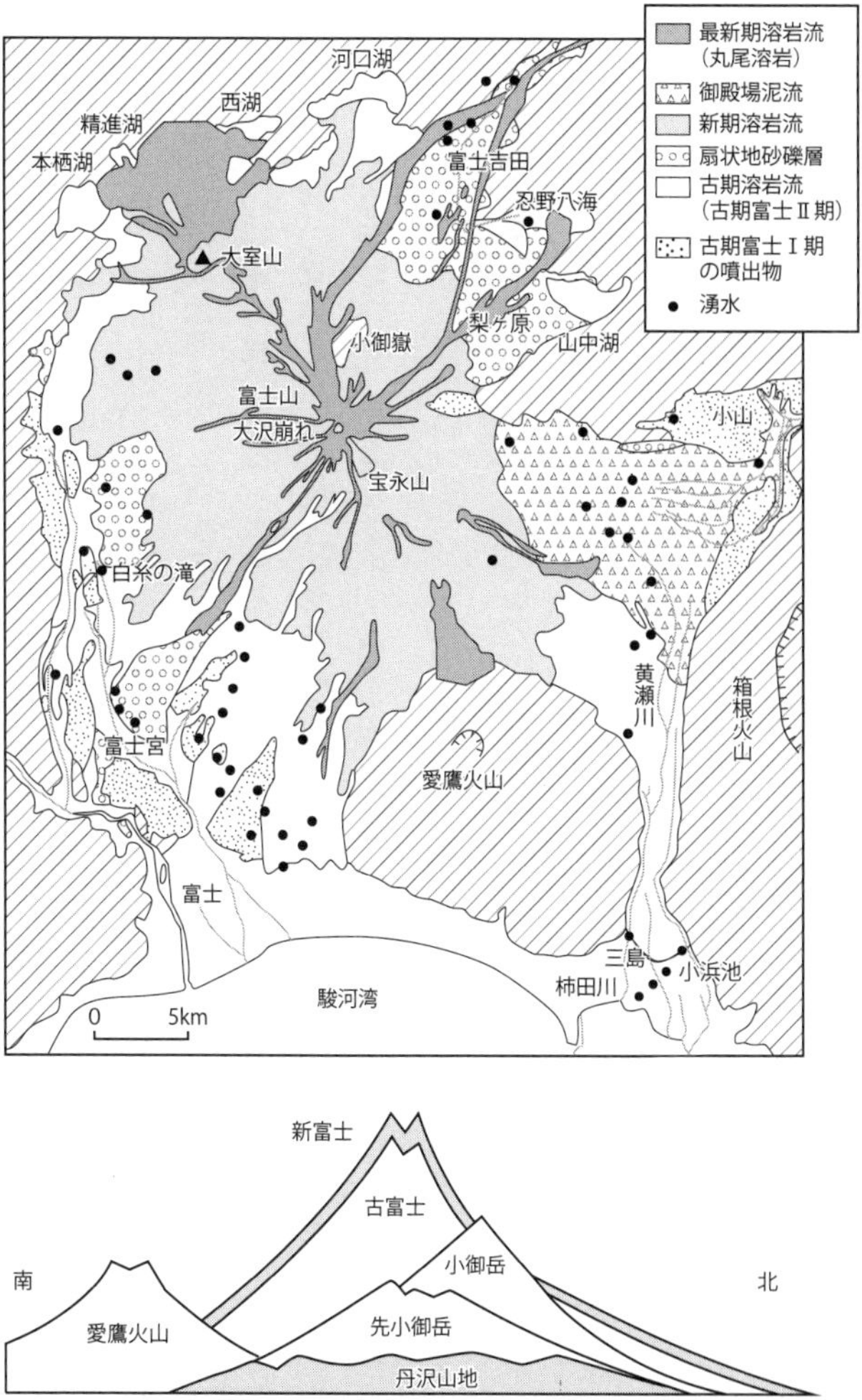

図6-3　富士火山の地形・地質の概略および主な湧水地の分布（町田 2006、断面図は吉本ほか2004を一部改変）

また、日本アルプスでは森林限界付近にハイマツが生育しているが（写真6－2）、富士山には見られない。富士山にはハイマツに代わって、カラマツがハイマツと同様に低木が地を這うような形態で生育している（写真6－3）。その理由の1つとして、富士山が比較的新しく誕生した火山であることがあげられる。

新潟大学の崎尾均教授（現・BOTANICAL ACADEMY主宰）の研究によれば、5合目付近のカラマツ林の森林限界が、最近40年で斜面上を約30m上方に移動し、地面を這うように広がっていたカラマツが、直立して生えるように変化したという。温暖化の影響と考えられている。

◆アポイ岳——マントルが露出している場所

地球の全体積のうち、かんらん岩が82・3％、玄武岩が1・62％、花崗岩が0・68％を占めていて、地球はほとんどがこの3つの岩石からなっているといっても過言ではないだろう。しかし、花崗岩や玄武岩は地表でよく見かけるが、かんらん岩を見かけることはまれだ。なぜなら、かんらん岩は地中奥深くでマントルをつくっているためだ。地球表層の約70㎞くらいまでが地殻であり、その内部の70㎞から2900㎞くらいまでがかんらん岩からなるマントルである。玄武岩は主に海洋の地殻を、花崗岩は大陸の地殻をつくっている。

このように地球奥深くにあるマントルであるが、地表に出てきて新鮮なかんらん岩を露出している場所がある。それは日高山脈の南端、襟裳《えりも》岬近くにあるアポイ岳（８１０ｍ）であ

写真6-2　日本の高山の森林限界に分布するハイマツ（御嶽山）

写真6-3　富士山の森林限界に分布するカラマツの低木（崎尾均撮影）口絵

近年、森林限界が上昇し、地面を這うように生えていたのが、直立するように変化した。

写真6-4　アポイ岳（写真提供：フォトライブラリー）

る（写真6－4）。

かんらん岩は非常に不安定な岩石なので、地表に上がってくる過程で水に触れて変質し、蛇紋岩《じゃもんがん》になる。しかし、アポイ岳やその周辺に見られるかんらん岩はほとんど変質しておらず、新鮮なのが特徴である。このかんらん岩は地名を取って、「幌満《ほろまん》かんらん岩」と呼ばれ、学術的にも重要だ。

それではアポイ岳のところで、なぜ地球内部のマントルが飛び出しているのかという疑問が出てくる。前述したように地球表層は地殻と上部マントルからなる、厚さ100㎞くらいの14～15枚もの硬い岩盤、すなわちプレートに覆われて、それぞれが移動している（図6－1）。現在、北アメリカプレートとユーラシアプレートの境界は、フォッサマグナの西縁にあたる糸魚川・静岡構造線にあたり、北海道はすべて北アメリカプレートの上にあって、東から太平洋プレートが沈み込んでいる（図6－2）。しかし、かつての北海道は当時の千島弧を載せた北アメリカプレートとユーラシアプレートの接合でできたと考えられ、日高山脈はその接合境界だった（図6－4）（高木 2020）。かつてプレートの沈み込み帯だった北海道中央部は、4000万年前に北アメリカプレートとユーラシアプレートが接合したことによって右横ずれ断層に変化した。2500万年前に日本海が開き始めたため、北海道は東

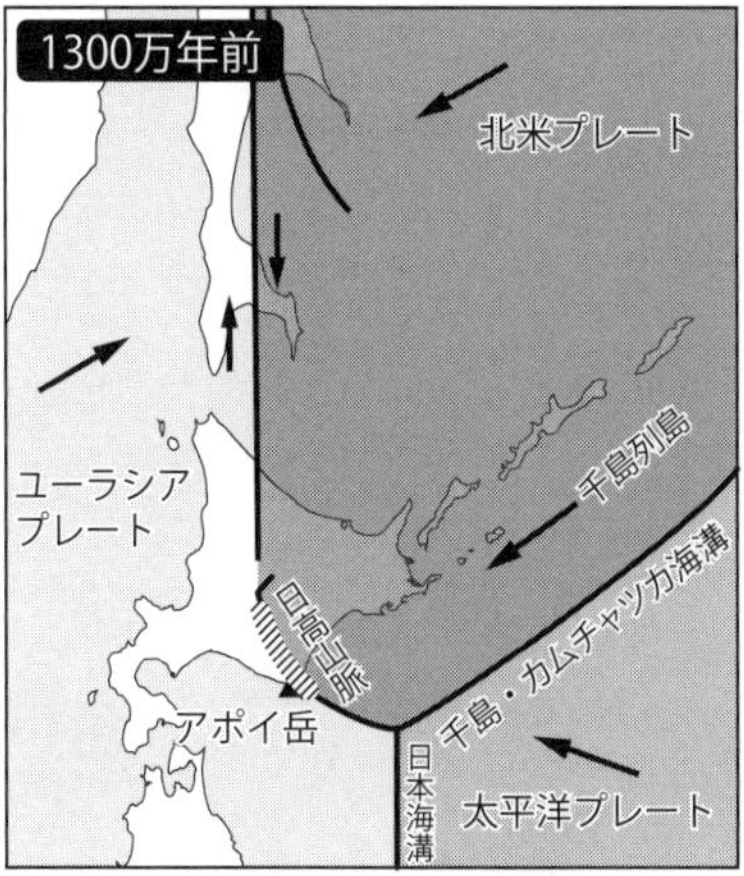

1300万年前の北海道周辺のプレートの分布。日高山脈のあたりに境界線がある

現在の日本周辺のプレートの分布。北海道は丸ごと北アメリカプレートの上にある（出典：様《さま》似《に》町アポイ岳ジオパーク推進協議会の図をもとに作成）

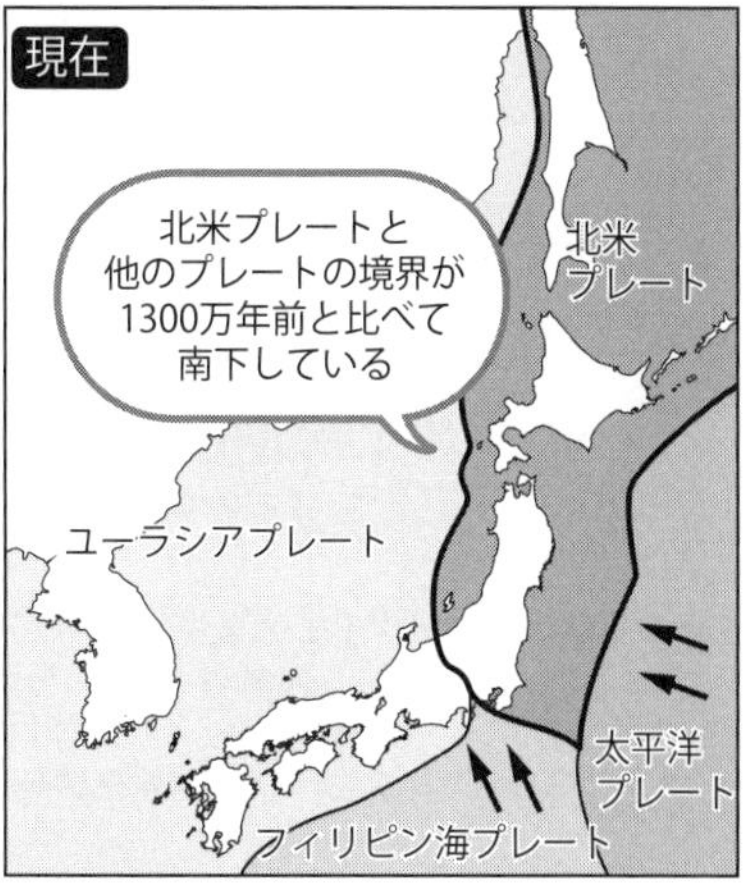

図6-4　約1300万年前と現在のプレート境界（高木 2020）

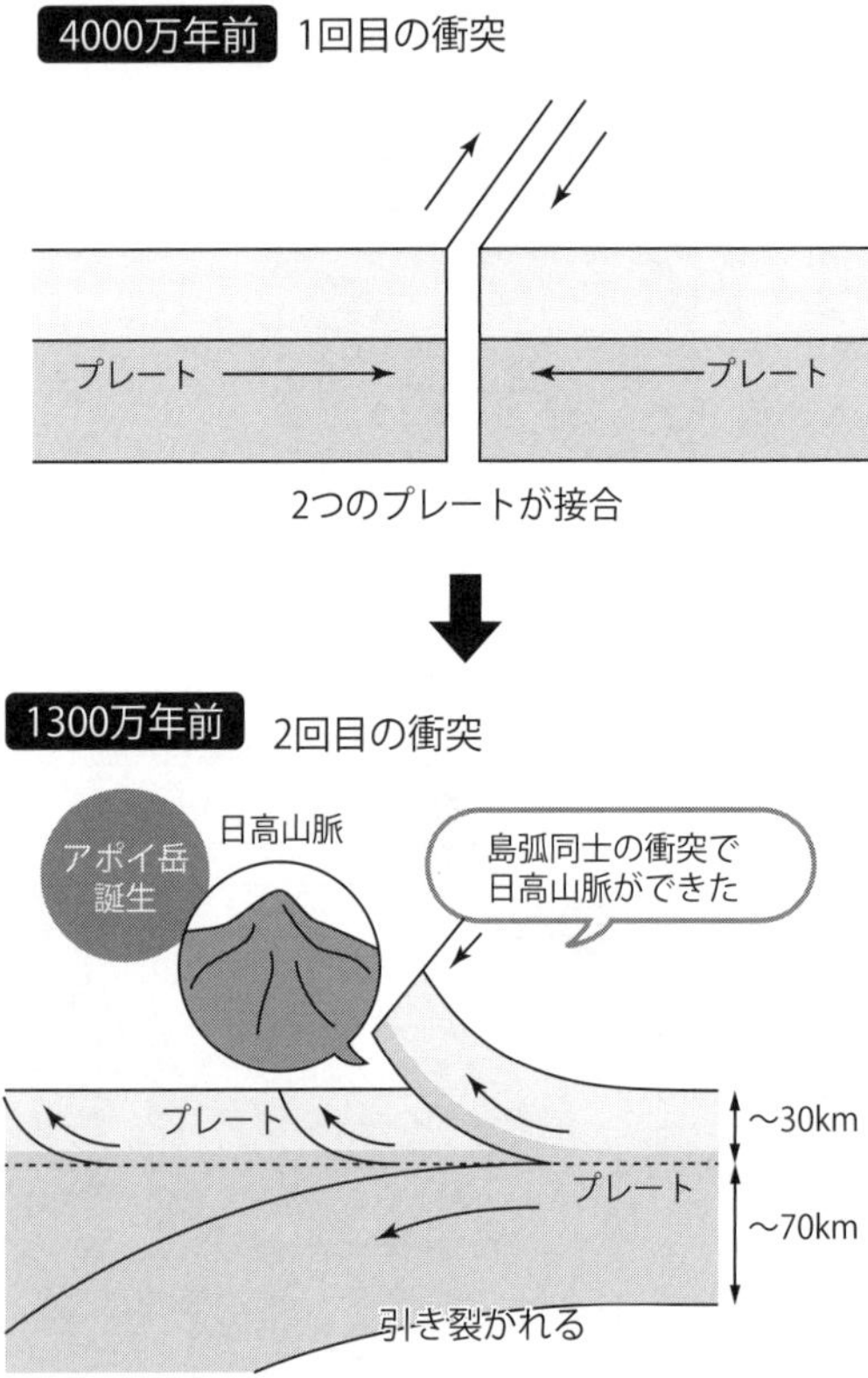

図6-5　日高山脈とアポイ岳が誕生したメカニズム（高木 2020）
4000万年前に2つのプレートが衝突（上）。1300万年前の2回目のプレート衝突で一方のプレートがめくれ上がり、日高山脈とアポイ岳が形成された（下）（出典：様似町アポイ岳ジオパーク推進協議会の図をもとに作成）。

にずれることになり、千島列島が衝突して、千島列島を乗せた北アメリカプレートのマントル上部がめくれ上がることになる（図6-5）（高木 2020）。こうして、浅海だった日高山脈が隆起し始め、のし上がった北アメリカプレートの底からかんらん岩が引き剝がされ、500万年前には地表に現れてアポイ岳が誕生することになった（高木 2020）。

襟裳岬沖は、夏に黒潮と親潮の接合部となり、海霧が発生しやすい。この海霧が沿岸部に達し、日照時間を短くし、気温を低下させる。このため、ハイマツが高度400mあたりまで分布し、標高は810mであるが高山植物が豊富に発達している。

かんらん岩や蛇紋岩などの超塩基性岩は、そこから溶け出したマグネシウムイオンにより、植物の根が水分を吸い上げるのを妨げる性質をもっている。また、かんらん岩は削られにくく土壌の堆積に時間がかかるうえ、できた土壌も風雨で流されやすいため、土壌は薄くて、乾燥しやすく、栄養も乏しい。これらの理由のため、極相であるはずの針葉樹林の成立が阻まれており、一般の植物が生育しにくく、特有の植物が生育している。アポイ山塊（アポイ岳、ピンネシリ、幌満岳）の固有種に、アポイアザミ、エゾコウゾリナ、アポイカンバ、サマニオトギリ、ヒダカソウの5種がある。

◆早池峰山《はやちねさん》――侵食作用から取り残された孤立峰

岩手県の北上高地は、古い地質からなる準平原化された平坦な地形が、隆起して侵食された隆起準平原であり、比較的なだらかな山地が連なっている。北上高地で一番高い山が早池峰山（1917m）である。長い間の侵食作用でなだらかになった平坦な地形の中に、侵食されにくい超塩基性岩（かんらん岩を主とし、変成岩である蛇紋岩をともなう）の部分が侵食作用から取り残された「残丘」となり、孤立峰として早池峰山がそびえている（**写真6-5**）。

早池峰山には、本州ではここだけに生育している北方系の植物が多い。氷河時代にシベリアから北海道にかけて繁栄していた北方系の植物が南下し、北上高地に広く分布していたが、後氷期に気候が暖かくなり、標高が高く寒冷な早池峰山のみに生き延びた植物が少なくない。

早池峰山は、アポイ岳で述べたような超塩基性岩の特質に加え、雪が少ないため、冬には土壌の水分が凍結する。この厳しい気候条件などにより、早池峰山には一般的な植物が生育しにくくなり、厳しい環境下でしか生育できない「氷河期の遺物」とされるハヤチネウスユキソウ（**写真6-6**）やナンブトウウチソウ、ナンブトラノオ、ヤマブキショウマの変種のミヤマヤマブキショウマといった早池峰山の固有種５種をはじめ、南限種８種、北限種７種、稀有種30種などの高山植物が生育し、標高１３００ｍ以上全域が早池峰山高山植物地帯として国の特別天然記念物に指定されている。早池峰山のアカエゾマツは、自生南限地とし

写真6-5　早池峰山（写真提供：フォトライブラリー）

写真6-6　早池峰山の固有種であるハヤチネウスユキソウ（写真提供：フォトライブラリー）
日本のウスユキソウの中では、ヨーロッパのエーデルワイスに最も似ていると言われている。

て天然記念物に指定された。高山植物群落が特別天然記念物に指定されているのは、アポイ岳と早池峰山、白馬連山の3件のみである。

早池峰山の森林限界は1300m付近であり、緯度や気候環境から想定される2000mよりも700m低い。これは早池峰山の蛇紋岩が氷期の凍結による破砕作用、すなわち機械的風化作用（昼間にしみ込んだ水が夜間に凍ったり、岩を構成する各鉱物の膨張・収縮率の違いがあることなどにより、岩石が破砕されること）が盛んで、岩塊が生産され、岩塊斜面に高木が生育しにくいため森林限界が低くなっていると想定されている。

◆南アルプス——赤や緑の岩石はどこから来たか

日本列島は大きく見れば一つの山脈である。日本海溝でプレートが潜り込むとき、プレート上にははるか南方の海山やサンゴ礁、古い陸地のかけらや堆積物などが載せられて運ばれてくる（図6－2）。それらは、海溝の部分で沈み込むことができず、アジア大陸の縁に南北に長くくっついてしまった。すなわち付加体と呼ばれるものである。1700万年前頃に日本海が徐々に開き、1500万年前には日本海の拡大がほぼ完成して、付加体からなる日本列島は大陸から離れて、現在の日本列島に近い形となった。

写真6-7　木曽駒ヶ岳から見た南アルプス
左手奥は八ヶ岳。

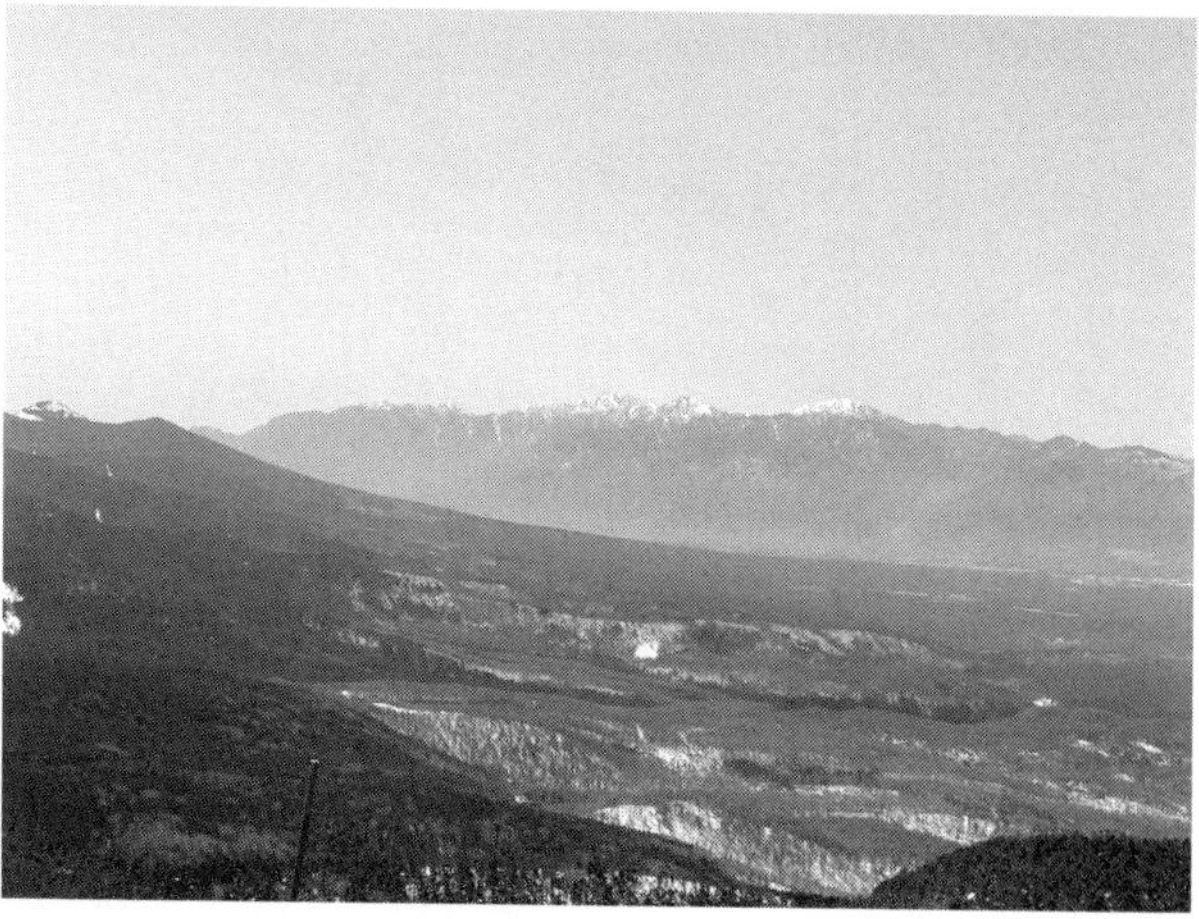

写真6-8　北八ヶ岳から見た南アルプス
写真中央、左から北岳、甲斐駒ヶ岳、仙丈ヶ岳。

フィリピン海プレートがユーラシアプレートの下に沈み込む場所で、北西側へと圧力が加わることによって、地層が褶曲《しゅうきょく》を受け、隆起していって南アルプス（赤石山脈）は誕生した（**写真6－7、6－8**）。

南アルプスの主稜線は硬い砂岩や粘板岩など暗灰色《あんかいしょく》の堆積岩が多い。しかし、北岳から南南西の主稜線に沿って、塩見岳や赤石岳東側、聖岳などには、緑色や赤色の岩石がところどころで見られる。緑色の岩石は海底に噴出した玄武岩の溶岩類であり、しばしば海底で噴出したことを示す枕状（円筒形や楕円形の溶岩が積み重なったもの）の構造が見え、赤っぽい岩石は赤色のチャートや凝灰岩である（鎮西　１９８６）。赤石岳の東斜面、赤石沢の源流域や、聖岳の東面には、火山岩類とともに赤色のチャートが見られ、赤石岳や赤石山脈の名称の由来であるといわれている。

砂岩や粘板岩を主とする、古生代後期～第三紀前期の地層群は、四万十帯《しまんとたい》と呼ばれている（**図6－6**）。この玄武岩や赤色チャートは、中生代の後半に、ずっと南の太平洋の海底をつくっていたものが、移動する海洋プレートに載って日本列島付近に運ばれてきたものであるという。それが、プレートが沈み込むときに、もともと海溝付近に堆積していた砂岩や泥岩などの中に紛れ込んで、地下には沈まずに残されたもののようだ（鎮西　１９８６）。

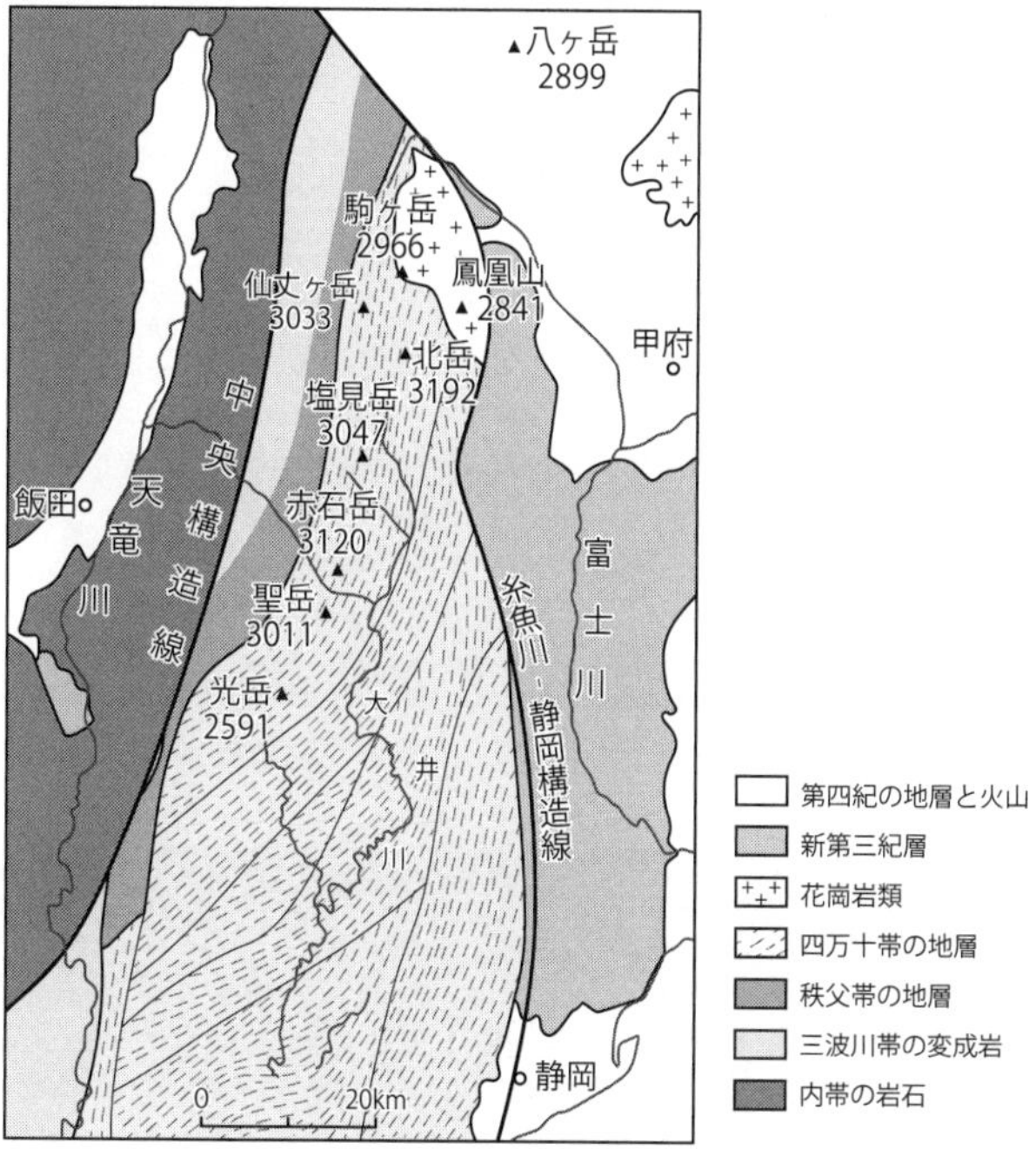

図6-6　南アルプスの地質図（鎮西 1986、地質調査所による『100万分の1地質図』を簡略化）

写真6-9　中央構造線が見られる露頭にある説明看板

写真6-10　中央構造線安康露頭 口絵

写真中央の岩の割れ目が中央構造線が通っている所で、両側の露頭の色が異なる。

赤石山脈の西端は中央構造線で限られていて、中央構造線に沿って岩石が破砕され、直線的な谷にはそれに沿って侵食が進んで、断層線谷をつくっている（図6−6、写真6−9、6−10）。東側には糸魚川−静岡構造線が通っている。

加えて、プレートに載ってやってきた伊豆半島が、第四紀になって本州に衝突し、赤石山脈をさらに押し上げた。

◆中央アルプス——逆断層に沿って東西圧縮により隆起した

中央アルプス（木曽山脈）は、東側の伊那谷側の山麓にいくつかの活断層があり、それらは伊那谷断層帯と呼ばれている（写真6−11、6−12）。伊那谷断層帯の各断層は西側に傾斜した逆断層であり、東西からの圧縮によって、上盤側すなわち中央アルプス側が隆起することになる（図6−7、6−8）。各断層は地下では合流していると考えられ、地下深部では約12度の角度をもって、中央アルプスの地下、約4kmあたりまで延びていることが明らかになっている（池田・松田2006）。

写真6−13は、飯田市の伊那谷に見られる念通寺《ねんつうじ》断層で、写真右側の白い岩盤は花崗岩（中生代白亜紀のもの）で、左側の石が露出している地層は天竜川の礫層（新生代第四紀のも

写真6-11　御嶽山《おんたけさん》から遠望した中央アルプス
背後に南アルプスや富士山が見える。

写真6-12　中央アルプス（木曽山脈）の千畳敷カール

写真6-13　念通寺断層（長野県飯田市）

念通寺断層は伊那谷中央部を南北に走る活断層である。右側の白い岩盤は花崗岩（中生代白亜紀のもの）で、左側の石が露出している地層は天竜川の礫層（新生代第四紀のもの）である。この断層は逆断層のため、東西から圧縮されて、古くて下に存在するはずの花崗岩が、相対的に新しい礫層に乗り上げている。

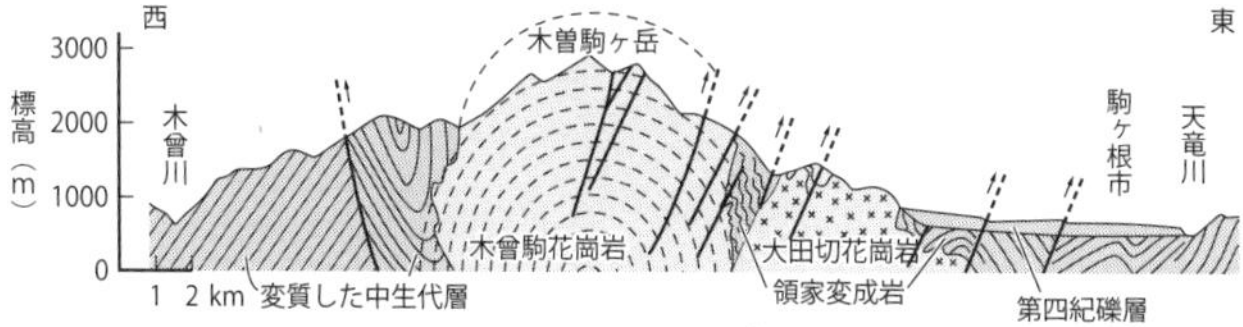

図6-7　木曽駒ヶ岳の山頂部を通るほぼ東西方向の地質断面図（鎮西 1986、天竜川上流域地質図［1984］を簡略化）

木曽駒花崗岩は中央アルプスをつくる花崗岩のうち最後に貫入したもので、ドーム状に盛り上がった内部構造が見られる。山脈の東側に多数の逆断層がある。

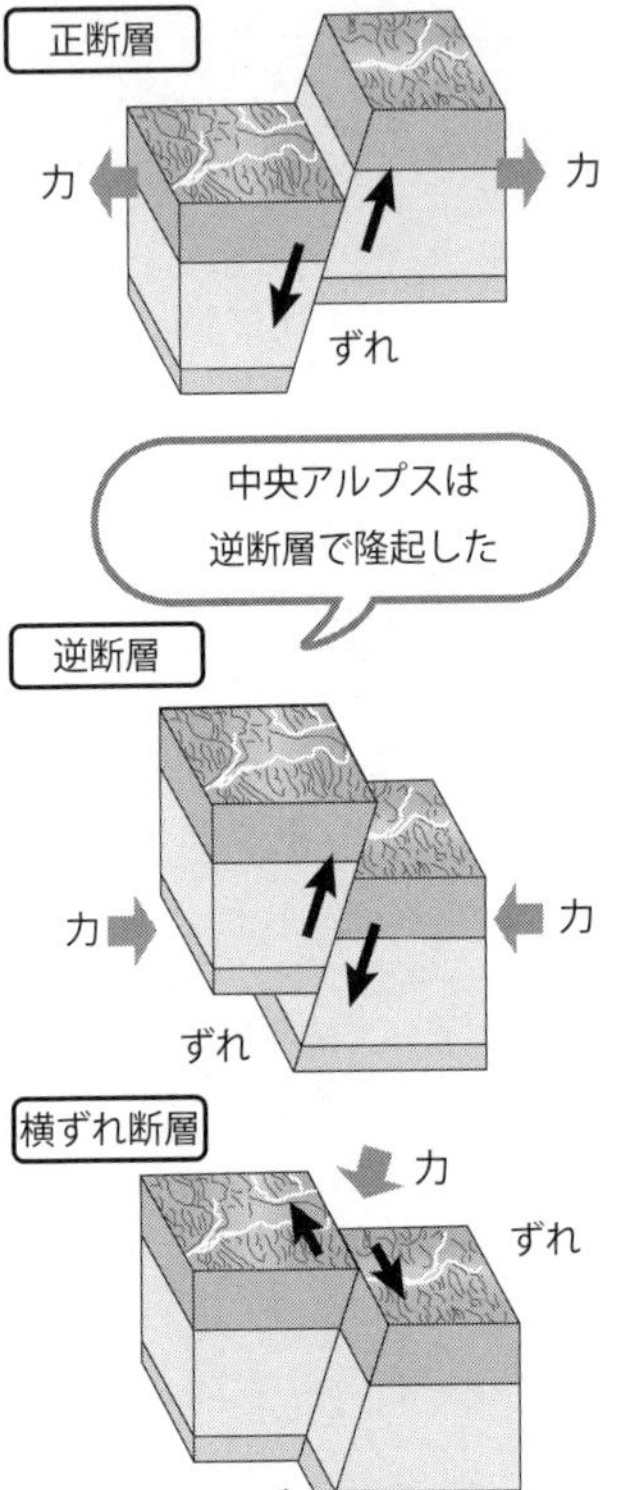

図6-8　3種類の断層の動き（高木 2020）
地殻が両側に引っ張られて下盤側が沈むのが「正断層」（上）。地殻が両側から押されて上盤側が隆起するのが「逆断層（または衝上断層）」（中央）。地殻が斜め横方向から力を受けてずれるのが「横ずれ断層」（下）（イラスト：マカベアキオ）

の）である。この断層は逆断層のため、東西から圧縮されて、古くて下に存在するはずの花崗岩が、相対的に新しい礫層に乗り上げている（図6－8）。

中央アルプスの西側の木曽谷側にも、上松断層をはじめとする木曽谷断層群と呼ばれる括断層群がある。これらの断層は右横ずれ断層と逆断層の活動を行っていると推測されている。

南アルプスの主体が堆積岩からなっているのに対し、中央アルプスはほとんど花崗岩からできている。この花崗岩は、1億年前頃を中心におよそ2回にわたって貫入した、いくつかの岩体でできている（図6－7）（鎮西 1986）。

◆北アルプス――カルデラが隆起して槍・穂高連峰が生まれた

日本付近では、1500万年前以降、フィリピン海プレートが北向きに移動していたが、地下で太平洋プレートにぶつかって、それ以上北向きには進めなくなり、300万年前頃から、その移動方向を北西に変えた（図6－4）。フィリピン海プレートが北西方向に移動するにともなって、太平洋プレートの沈み込みラインが300万年前から現在まで約30㎞西に移動して、東日本を圧縮した。東日本は押されて、すなわち東西圧縮によって隆起していく。

写真6-14　北八ヶ岳から見た槍・穂高連峰（背後）
写真中央が穂高岳、稜線が凹んでいるのが大キレット、その右手に槍ヶ岳

　270万〜150万年前には、北アルプス付近の地下に大規模なマグマだまりが形成された。マグマだまりの浮力と東西圧縮を受けて急速に隆起し始め、海抜1000m程度の高地が形成された。この火山活動に関連して、巨大カルデラ噴火が生じ、火砕流堆積物や火山灰が堆積した。山脈中軸部には、槍・穂高連峰周辺と爺ヶ岳《じいがたけ》周辺に巨大カルデラができ、地下にはマグマだまりが残った。

　約130万年前以降、東西圧縮により西向きに押されることにより、カルデラの西側には裂け目ができ、裂け目で滑って、カルデラの西側が隆起し、槍・穂高連峰周辺や爺ヶ岳周辺は大きく隆起した（**写真6－14**）（原山ほか2003）。そのため、槍・穂高連峰や爺ヶ岳のカルデラの地下数㎞でできた花崗岩が地表に露出することになった。

◆丹沢山地――もともとは南の海の火山島

約1500万年前に、丹沢は南の海で誕生した火山島であったが、フィリピン海プレートの動きとともに日本列島に向かって移動し、約600万年前に本州に衝突してくっついた。その後、さらに南にあった火山島の伊豆半島も日本列島に向かって移動し、約100万年前に衝突してくっつき、本州と伊豆半島に挟まれた場所の地層が衝突によって褶曲を受け、隆起して丹沢山地となった。丹沢山地にある石灰岩からサンゴ礁をつくるサンゴやオウムガイの化石が見つかっており、そのことからも丹沢山地は、かつて大陸から遠く離れた暖かい海の底であったことがわかる。

◆比叡山、比良山地、大文字山――白川の砂はなぜ白いのか

現在の京都の東山にあたる一帯は「丹波層群」とよばれる堆積岩の地層からなっている。この地層が中生代ジュラ紀（いまから約1億5000万年前）に陸化し、その後、中生代白亜紀（約9500万年前）に、地下にマグマが上昇し、マグマは地下でゆっくり冷えて固まり、

写真6-15　比叡山山頂にある将門岩

将門岩は、砂岩が熱変成した変成岩のホルンフェルスである。平将門がこの岩の上より京の都を見おろして天下制覇の野望を起こしたと伝えられている。

花崗岩をつくった。このマグマの高熱で周りの堆積岩の地層は熱変成作用を受け、丹波層群の頁岩《けつがん》や砂岩はホルンフェルスという硬い変成岩に変化したのである（写真6－15）。

岩石は日中日射を浴びて温度が上がり膨張し、夜間は冷やされて収縮するが、花崗岩はその膨張収縮率が、岩石を構成する鉱物の石英、長石、黒雲母によって異なるため、一日の膨張収縮のたびにぼろぼろと遊離し、タマネギの皮を剥くように風化して剥離していくため、花崗岩の風化をタマネギ状風化と呼んでいる。

大文字山から比叡山にかけての花崗岩は、風化で白い色の石英が遊離し、それが川に流れて白砂が堆積する川となっているため、山麓に流れている川は白川と命名されている。白川の白川砂は京都の庭園に利用され（現在は白川砂の採取禁止）、お寺の枯山水には欠かせない。

比叡山と大文字山の間の花崗岩の分布する場所は侵食されて低くなり、硬いホルンフェルスの部分は侵食されにくいため、比叡山（８４８ｍ）と大文字山（如意ヶ嶽４７２ｍ）が頂となっている（図6－9、写真6－16）。

比叡山や比良山地の一帯は、約１０００万年前から５００万年前の間に風化・侵食によりなだらかに準平原化された。この一帯の東側には琵琶湖西岸断層帯の比叡断層や比良断層があり、西側には花折《はなおれ》断層がある（図6－10）。琵琶湖西岸断層帯の断層は逆断層であり、花折断層は右横ずれ断層だ（図6－8）。この両断層に挟まれた比叡山や比良山地は東西方向に圧縮作用が加わり、約50万年前から急速に断層をともなう隆起が始まった。すなわち隆起準平原である。したがって比叡山や比良山地の山頂付近には平坦面があり（写真6－17）、その平坦面には延暦寺の多数のお堂が立地している。比良山地の最高峰、武奈ヶ岳（１２１４ｍ）がこの平坦面から突出しているのは、過去の準平原面の中での古い丘陵、すなわち残丘であったからだ（写真6－18）。この琵琶湖西岸断層帯の逆断層によって東側の琵琶湖側は沈降し、山と琵琶湖の間には断層崖の急崖があるため、山頂部からは直下に琵琶湖が望め

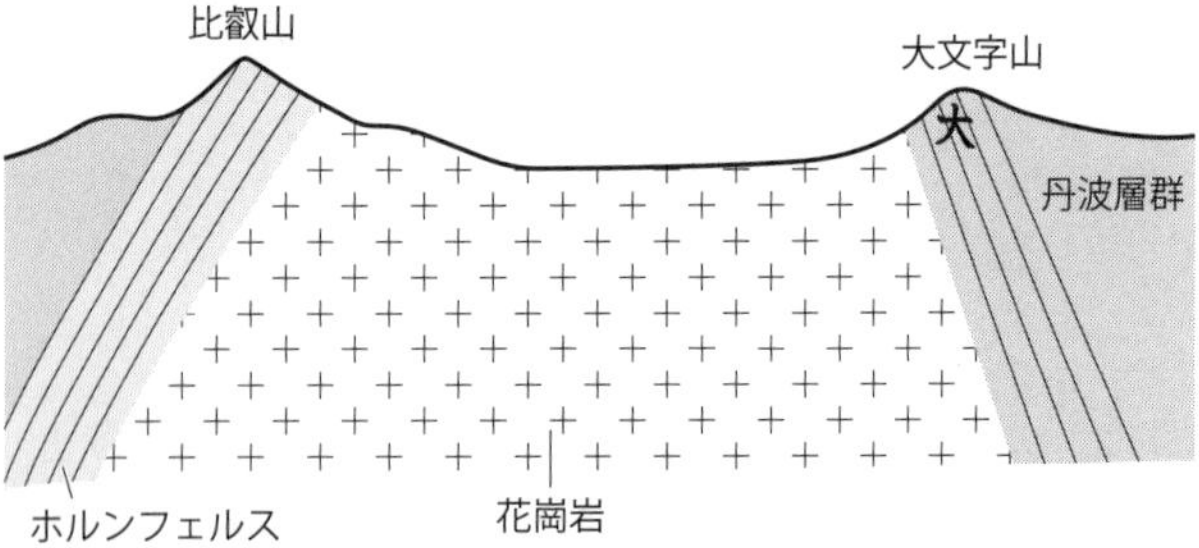

図6-9　比叡山と大文字山の間の模式断面図

写真6-16　左が比叡山、右が大文字山（出町柳《でまちやなぎ》付近の鴨川より遠望）。

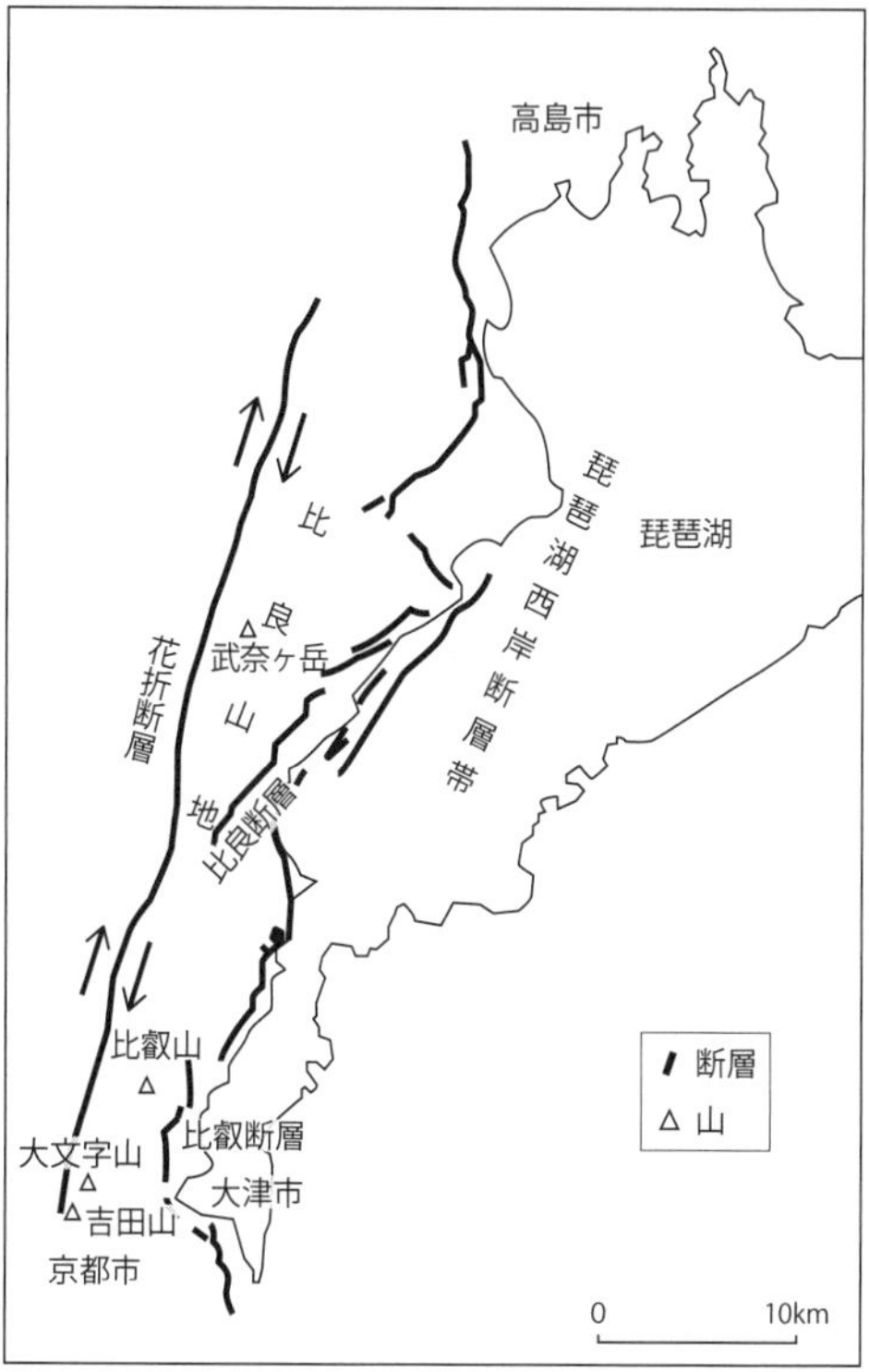

図6-10　琵琶湖西岸断層帯（逆断層）と花折断層（右横ずれ断層）

写真6-17　比良山地の山頂
山頂には平坦面が広がっていて、急な断層崖の直下に琵琶湖がある。

る（写真6－17）。

写真6－19は1995年1月17日に神戸に大きな被害を及ぼした兵庫県南部地震を引き起こした六甲・淡路島断層帯の主断層である野島断層である。野島断層は逆断層なので、両側から圧縮作用を受けると、上盤、すなわち写真の右側の面が上昇する（図6－8）。比叡山・比良山地と琵琶湖の間の断層も同様な逆断層なので、琵琶湖西岸断層帯を北から見たら、写真6－19のように右手（西側）の山が隆起し、左手（東側）の琵琶湖が沈降する。写真6－20は右横ずれ断層である。断層の向こう側が右にずれるのが右横ずれ断層、左にずれるのが左横ずれ断層である。

◆吉田山――右横ずれ断層の終焉地点

京都大学のすぐ背後にある吉田山（105m）は、その西端を花折断層が走っている（図6－10、写真6－21）。花折断層は、滋賀県高島市の水坂峠《みさかとうげ》付近を北端として、安曇川《あどがわ》沿いに延び、京都市の吉田山付近を南端とする長さ約46㎞、北北東から南南西に延びる右横ずれ断層である（図6－8）。この花折断層の北端に連続するかのように、花折断層北端付近から若狭湾まで三方《みかた》断層が続いている。右横ずれ断層は、断層線の手前側から見て、向こう側

写真6-18　比良山地の最高峰である武奈ヶ岳

写真6-19　逆断層を示す野島断層の断面（淡路島の北淡震災記念公園にある野島断層保存館）

写真6-20　右横ずれ断層を示す野島断層（野島断層保存館）
断層の向こう側が右にずれるのが右横ずれ断層、左にずれるのが左横ずれ断層。

写真6-21　大文字山から見た花折断層（白いライン）とその末端のひずみで隆起した吉田山（左端）。

が右にずれるため（写真6－20）、右にずれた終焉地点には地面のたわみ（盛り上がり）ができる。その盛り上がりが吉田山である。そのため、吉田山とその下の吉田神社の間には断層崖があり、そこには急な階段が続いている。

◆エベレスト――8848メートルより高い山がない理由

インド・オーストラリアプレートは南極プレートと分離・北上して、約4500万年前にユーラシアプレートと衝突し、そのままゆっくり北上している（図6－1）。インド・オーストラリアプレートがユーラシアプレートの下に部分的にもぐりながら押し上げてい

写真6-22　アルナーチャル・ヒマラヤ（インド）

るため、8000m級のヒマラヤ山脈が誕生した（写真6－22）。

世界で最も高い山はエベレスト（チョモランマ山、8848m）であるが、エベレストについては樋口敬二氏の有名なエッセー「エベレストはなぜ8848メートルか」（朝日新聞1976年1月14日夕刊）がある。そのエッセーの内容はこうである。エベレストの標高は対流圏と成層圏の境界の圏界面（高度：両極6000m～赤道1万7000m）より少し低い高さである。対流圏では地表から上昇気流が生じて大気の擾乱《じょうらん》があり雲ができるが、山頂がこの圏界面を越えたとしても雲ができないため、日中は強い日差しで、夜は急速に冷え、機械的風化作用が活発で岩盤は砕

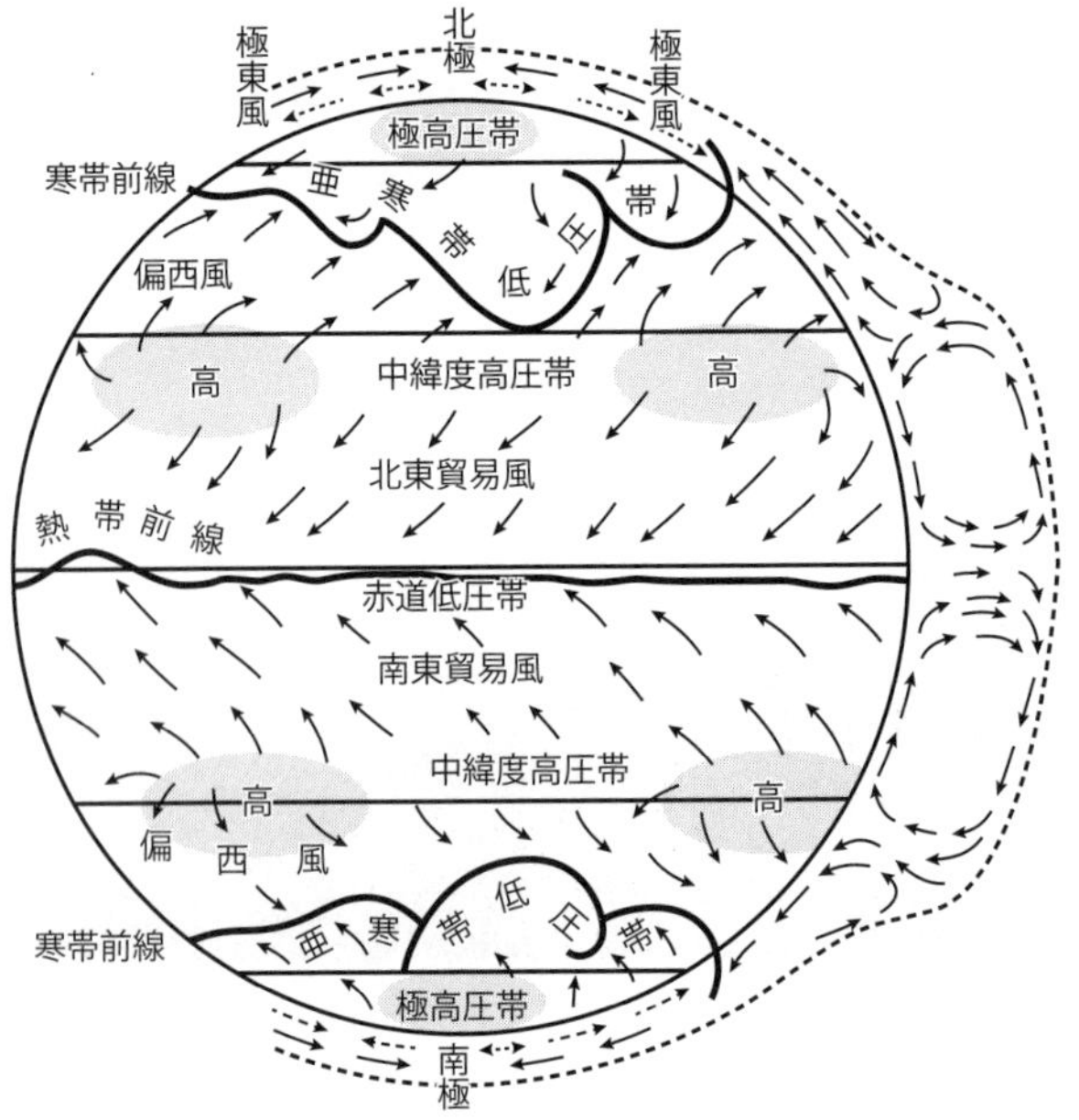

図6-11　大気大循環の模式図

けていき、長い年月を経れば圏界面より低くなる。

　赤道付近では年間を通じて最も太陽からの受光量が多く、地面や海面が熱せられるため上昇気流が生じる。上昇気流が生じるため多量の降水がある。この上昇気流は成層圏と対流圏の境界の圏界面まで上昇し、圏界面より上にはいかず圏界面に沿って南北に分かれ、それが北緯30°と南緯30°付近で下降気流となる（図6－11）。この両極で高度6000m、赤道付近で高度1万7000mまでは大気の流れがあるので対流圏といい、それより上空は大気の擾乱がないため成層圏と呼んでい

写真6-23　アフリカ大地溝帯（東部地溝帯、ケニア）口絵

る。ジェット飛行機に乗ると離陸してしばらくはシートベルトを外せない。なぜなら飛行機は対流圏を上昇していて大気の擾乱があって飛行機が揺れるためである。圏界面を抜けると、雲海をすぐ下に見ながら真っ青の空の成層圏の中を圏界面すれすれの高度で飛んでいくのだ。

◆キリマンジャロ、ケニア山——大地溝帯の火山

アフリカ大地溝帯は「広がる境界」にあたる断層である（**写真6－23**）。アフリカ大地溝帯は、2列になって東アフリカの南北に延びているが、そのうち東部地溝帯がケニアの中央部のやや西寄りを南北に貫いている（**図**

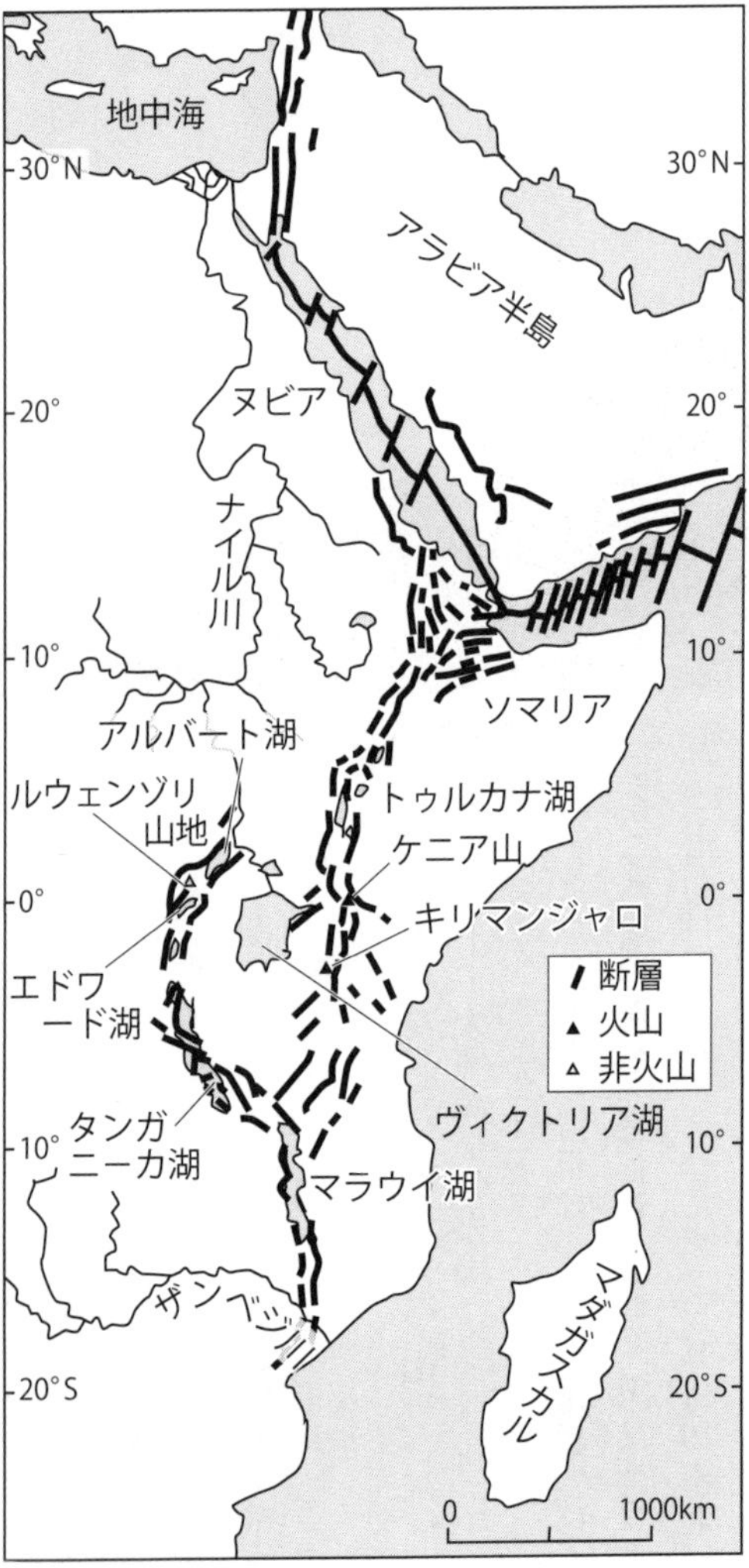

図6-12　アフリカ大地溝帯（諏訪1997, 2003を一部改変）

6-12)。この大地溝帯は地下深部から集中的に熱の供給を受けている場所に生まれた。熱の供給のため台地が隆起し、地下からマグマが上昇して活発な火山活動が生じ、大量のアルカリ岩類が噴出された。そして、地下深部の熱を運ぶ上昇流が途中で左右2つの反対方向に分かれ、それによって地殻（地球の表層）が両方に引っ張られ、2つの平行な断層が生じて中央部が陥没して大地溝帯が誕生したのである。新生代第三紀の中新世（2300万～530万年前）から鮮新世（530万～260万年前）に形成され、現在もその火山活動は続いている。

アフリカ大地溝帯は、2つの断層に挟まれた部分が沈降したというような単純なものではなく、図6-13のように大きな断層にほぼ平行した副次的な断層によって短冊状に沈降し、巨大な地溝帯が形成されたのである。この大地溝帯は現在でも年に5㎜ずつ広がっていて、1億年後にはアフリカ大陸は2つに割れて、その間が海になるであろうと予想される。

この大地溝帯の火山活動によってケニア山（5199m、写真6-24）やキリマンジャロ（5895m、写真6-25）が東部地溝帯に誕生した。ケニア山"Kirinyaga"（キリニャガ）は赤道直下に位置し、その山頂のバティアン峰は5199mの高さで、ほかにネリオン峰（5188m）、レナナ峰（4985m）などがある。それらは主に310万年前から260万年

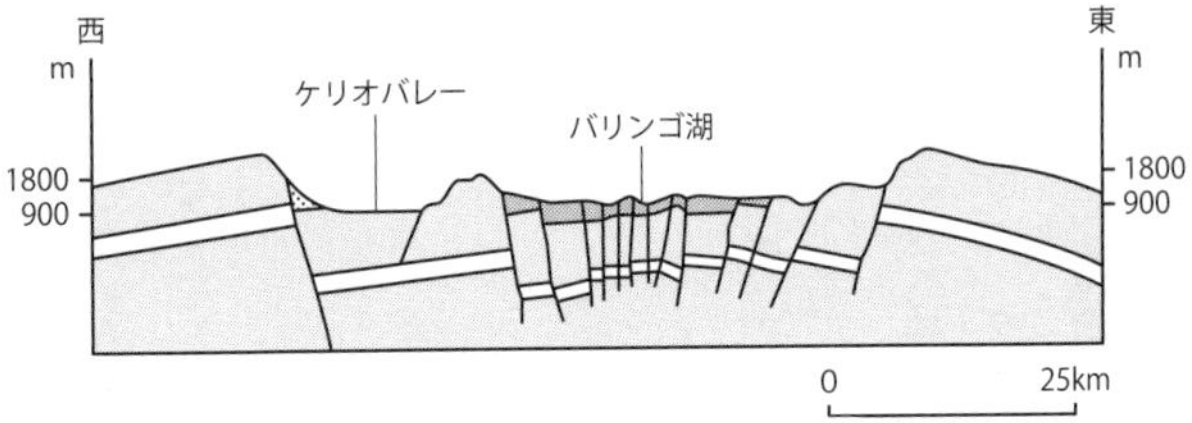

図6-13　アフリカ大地溝帯（ケニア）の断面図（Buckle 1978）

前に、断続的な火山噴火によりつくられ、長い間に山頂部の山体が削剥《さくはく》されて、火道を満たしていた固結した溶岩が残って鋭い山頂部が形成された。

キリマンジャロはおよそ75万年前の火山活動により誕生したといわれ、いまから1万年前以降の完新世の時代に入っても火山活動があったようである。その基部は約80㎞×40㎞もあり、東南東の方向にのびている。そして、中央にキボ峰（５８９５ｍ）があり、東にマウェンジ峰（５１４９ｍ）、西にシラ峰（３９６２ｍ）を配している。50万年前にはシラ峰が不活発になりカルデラの中に崩壊し、さらにはマウェンジ峰も活動をやめたが、キボ峰は溶岩流を生産し続けた。45万年前にキリマンジャロは成長を止めるが、不連続な噴火は続いた。36万年前にキボ峰は最も広域な噴火活動を行い、その黒い溶岩が侵食された古いシラ・カルデラを満たし、サドル高原やマウェンジ峰の麓まで扇状に覆い尽くした。

キボ峰は山頂に直径２㎞のカルデラがあり、深さ１８０ｍのカ

写真6-24　ケニア山（2017年撮影）

写真6-25　キリマンジャロ（2019年撮影）
手前がキボ峰（5895m）、背後がマウェンジ峰（5149m）。

写真6-26　アフリカ大地溝帯に湧く、マガディ温泉

ルデラ壁からなっている。その中には火口丘があり、そこに直径820mの火口、ロイシュ・クレーターが存在する。最高地点のウフルピークやギルマンズ・ポイントはカルデラの縁辺部にあたる。

大地溝帯の東にあるマガディ湖には温泉も湧いている（**写真6－26**）。大地溝帯に水がたまってできた巨大な湖（断層湖あるいは地溝湖ともいう）も、断層に沿って細長く分布している。西部地溝帯に位置するタンガニーカ湖、マラウイ湖、アルバート湖、エドワード湖、東部地溝帯に位置するトゥルカナ湖などは断層湖であり、水深が深いという特徴をもつ（**図6－12**）。タンガニーカ湖は深さ1470m（世界第2位）で、湖底は海面下6

写真6-27　アフリカ大地溝帯（西部地溝帯）の断層湖であるエドワード湖の背後にそびえるルウェンゾリ山地

63mに及ぶ。ちなみに、世界最大の水深（1741m）をもつバイカル湖も断層湖である。

◆熱帯雨林をサバンナに変えたルウェンゾリ山地

アフリカでは、この巨大断層に沿って800万年前頃から地殻がもち上がり、アフリカ第三の高峰ルウェンゾリ山地ができた。ルウェンゾリ山地はキリマンジャロやケニア山と同じアフリカ大地溝帯にあるが、火山ではなく、断層に挟まれた土地が周囲より相対的に隆起してできた山地、すなわち地塁山地である。断層湖であるエドワード湖のすぐ背後（西側）に断層に沿って隆起したルウェンゾリ山地が連なっている（図6－12、写真6－27）。これらの高地の出現により、西からの湿潤気流の東方への流入が妨げられ、それまで熱帯雨林に覆われていた東アフリカ地域は乾燥し、300万～200万年前にはサバンナや草原に変わった。それまでは、ギニア湾からの湿った風が東アフリカまで到達し、雨を降らせて東アフリカには熱帯林が分布していたが、それが新たに誕生した山脈に遮られ、東アフリカは乾燥化して熱帯林は消失し、草原のサバンナとなったのである。

地殻変動がもたらしたこの気候と環境の劇的な変動は、人類の祖先が森林から東側のサバンナに出て進化するきっかけを与えた大きな要因であったと考えられるようになる。すなわち、熱帯林に住んでいた類人猿は樹上から地上に下り、二足歩行をするようになり、人類へと進化していくことになるというストーリーだ。

この人類発祥の物語は、フランスの人類学者イヴ・コパンによって1982年に、ミュージカルの「ウエスト・サイド・ストーリー」をもじって「イースト・サイド・ストーリー」として発表された（コパン1994）。それは、これまで人類先祖の化石がエチオピア、ケニア、タンザニア、ウガンダなど、大地溝帯の「東側」でしか見つからなかったことが根拠になっていた。

しかし、近年このストーリーの信頼性がゆらいできた。800万年前の大地溝帯付近の隆起はまだ小さく、実際に山脈が形成されたのはヒトが二足歩行を始めた600万年前より後の400万年前と考えられるようになった。また800万年前の東アフリカは完全に乾燥化していたわけではなくかなりの森林が残っていたことも炭素同位体から明らかになった。さらには、アフリカ「西部」のチャドで600〜700万年前のトゥーマイ猿人の化石が発見されたのである。2003年2月、とうとうコパン自身がこのストーリーを撤回した（水野2016、2018）。

引用文献

池田安隆・松田時彦（2006）：「木曽山脈」町田洋・松田時彦・海津正倫・小泉武栄編『日本の地形5 中部』東京大学出版会、164-168

貝塚爽平（1990）：『富士山はなぜそこにあるのか』丸善

コパン，Y．（1994）：「イーストサイド物語——人類の故郷を求めて」『日経サイエンス』24（7）、92-100

権田雅幸・佐藤裕治・藤山佳貴・堀顕子（2007）：『地図と地名による地理攻略』河合出版

諏訪兼位（1997）：『裂ける大地アフリカ大地溝帯の謎』講談社選書メチエ

諏訪兼位（2003）：『アフリカ大陸から地球がわかる』岩波ジュニア新書

高木秀雄（2020）：『地形・地質で読み解く日本列島5億年史』宝島新書

産業技術総合研究所・地質調査総合センター（1982）：「100万分の1日本地質図」『日本地質アトラス』

鎮西清高（1986）：「日本の屋根　中部山岳」貝塚爽平・鎮西清高編『日本の山』岩波書店、120－155

原山智・大藪圭一郎・深山裕永・足立英彦・宿輪隆太（2003）：「飛騨山脈東半部における前期更新世後半からの傾動・隆起運動」『第四紀研究』42、127－140

樋口敬二（1976）：「エベレストはなぜ8848メートルか」朝日新聞1976年1月14日夕刊

広島三朗（1991）：『山が楽しくなる地形と地学』山と渓谷社

町田　洋（2006）：「富士山と周辺の火山」町田洋・松田時彦・海津正倫・小泉武栄編『日本の地形5　中部』東京大学出版会、45－57

松島信幸・寺平宏編（1984）：「天竜川上流地域地質図（3）飯田、（6）通山」「天竜川上流地域地質図（縮尺1:50000）、同解説書」建設省天竜川上流工事事務所監修、中部建設協会発行

水野一晴（2016）：『気候変動で読む地球史――限界地帯の自然と植生から』（NHKブックス1240）NHK出版

水野一晴（2018）：『世界がわかる地理学入門――気候・地形・動植物と人間生活』（ちくま新書1314）筑摩書房

吉本充宏・金子隆之・嶋野岳人・安田敦・中田節也・藤井敏嗣（2004）：「掘削試料から見た富士山の火山体形成史」『月刊地球』号外48、89－94

Buckle, Colin (1978): *Landforms in Africa: An Introduction to Geomorphology*. Longman, Essex, England.

第7章

なぜ、イースター島、ハワイ、マダガスカルは1万キロも離れているのに言葉が似ているのか？

写真7-1　タヒチ 口絵
裾礁《きよしよう》や堡礁《ほしよう》の島々からなり、サンゴ礁と島の海岸線の間にはエメラルドグリーンのラグーン（礁湖《しようこ》）が広がっている。

ハワイ、ニュージーランド、タヒチ、ラパヌイ（イースター島）、インドネシア、マダガスカルはお互い遠く離れている。ハワイとマダガスカルになると17000㎞以上離れている。しかし、これらの地域の言語（先住民の言語も含む）は非常に似通っている。なぜ、これだけ遠く離れていても、言葉が似ているのであろうか？

また、太平洋諸島で人の移住とともに言語が西から東へと伝播していったとき、メラネシアと東ミクロネシアの間で人の定住時期には1000年近くも差があり、サモアやトンガで足踏みしていたのはなぜであろうか？

◆火山島起源か、サンゴ礁起源か

太平洋には、2万を超す島々が点在しており、ミクロネシア、ポリネシア、メラネシアの3地域に区分されている。「ネシア」は島を意味するギリシャ語（nesos）から来ており、ポリネシアは「たくさんの島々」、メラネシアは「黒い島々」、ミクロネシアは「小さな島々」

という意味である。

太平洋の島々は、火山島起源かサンゴ礁起源かに大きく分かれる。大きな島のほとんどは火山島起源であり、安山岩線の西側のメラネシアに多い。太平洋の島々をつくる火山岩は玄武岩であるのに対して、日本列島など太平洋を取り巻く大陸の縁では安山岩が広く分布する。安山岩の分布する太平洋縁の境を連ねた線を安山岩線と呼んでいる。

古い大陸地殻によって構成された火山島は陸島とも呼ばれ、岩石の種類も多い。メラネシアの島々やニュージーランド、マリアナ諸島、ヤップ、パラオがそれに相当する。一方、洋島と呼ばれる火山島は太平洋プレート上に形成された若い火山島が多く、玄武岩で構成されている。上記以外のミクロネシアやポリネシアの火山島（ハワイやタヒチなど）はこれに相当する（印東２０１７）。

火山島には山があるので、海からの湿った風が山の斜面にぶつかって上昇気流をつくり、サンゴ礁の島に比べて降水量が多い。周囲に発達した造礁サンゴ（裾礁、堡礁）をもつ火山島は外洋の荒波から海岸線が保護され、海洋資源の豊かなラグーン（礁湖）をもつ**（写真7－1）**。しかし、寒流が周囲を流れるマルケサス諸島やラパヌイ（イースター島）などは、荒波が島に打ち付けられ波食された険しい海岸線をもつ**（写真7－2）**。

写真7-2　ラパヌイ（イースター島）口絵
ほとんど木がなく、海からの強い風や波が吹き付け、サンゴ礁の発達が限られ、断崖絶壁の険しい海岸が続く。かつての森林破壊で島はほとんど草地になっている。

火山島起源の島の場合は、鉱物由来の土壌をもつので、植物栽培に必要なミネラル分を含むのに対し、サンゴ礁起源の場合は、サンゴの石灰岩由来の保水性の低い栄養分の貧弱な土壌で覆われているため、栽培できる植物が制限され、土器や石器をつくる素材もないという（印東 2017）。

火山島は肥沃な土壌で、降水量も多いため、植生も豊かである。山の裾野には巨木を含む森林が発達し、沿岸にはヤシ類やシダ類、マングローブなどが分布し、動物相も豊かだが（有袋類の種類は多いが哺乳類の種類はきわめて少ない）、サンゴ島は陸島や火山島に比べ、動植物相がきわめて貧弱である。サンゴ島はこの数千年の間に生まれた非常に若い島が多く、高い山もないので雨量が少なく、土壌も貧困で、人類が到達して以降もココヤシとタロイモ、バナナくらいしか育てられなかった。そのため、サンゴ島は海水や乾燥に強いココヤシで覆われていることが多い。その一方で、周りを深い海で囲まれているため、外洋魚などの海産資源は豊富である（小野 2010a）。

サンゴ島は、サンゴ礁が隆起して島になった隆起サンゴ島と、かつて存在した島の周りに発達したサンゴ礁のみが海面上に残っている環礁島に分けられる。隆起サンゴ島は海抜10 0mを超える島はまれで、中には数メートルしかないものもある。ソロモン諸島のレンネル島やポリネシアのニウエ島は隆起サンゴ島の大きな部類に属する。環礁島はドーナツ状に島が点在し、その中央にはラグーンがあるが、島の高さはきわめて低く、そのほとんどが海抜数mしかない。南太平洋ではクック諸島、トケラウ、ツバルなどに多い（小野 2010a）。

◆ポリネシア人の源流

ポリネシア人の先祖は、いまから4000～5000年前の頃に台湾を出て、南下拡散したオーストロネシア語族（マレー・ポリネシア語族）であるというのが有力な説である。東南アジアの諸島に定着したインドネシア系からオセアニア系が分かれ、それが南下してニュ

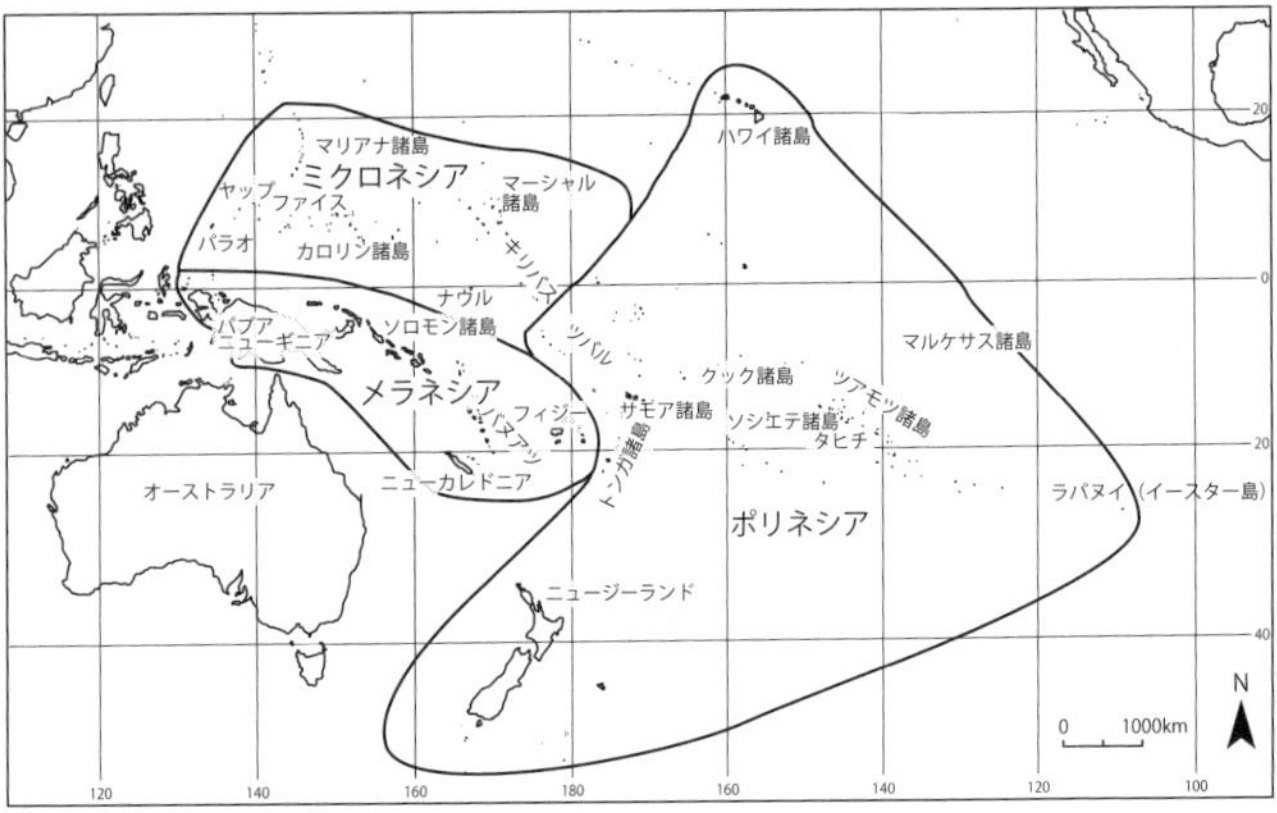

図7-1　太平洋諸島（オセアニア）

ーギニアの東部に広がる西太平洋の島々に足跡を印《しる》したのが、ラピタ人、ポリネシア人の直接の先祖にあたるという仮説が有力である（片山　2020）。

　ラピタ人に繋がるオーストロネシア語族集団は、3500年前頃にはフィリピンから東インドネシア、さらに直線で200㎞近くの航海が求められる西ミクロネシアのマリアナ諸島へと拡散を開始した。その過程でニューギニアの離島部に3300年前頃までに到達した集団がラピタ人であるという。彼らは特徴的な土器を携えて、ニューカレドニアや、フィジーといったメラネシアの島々に初めて入り、数百年でサモア、トンガなど、ポリネシアの一番西の端まで一気に行っている（小

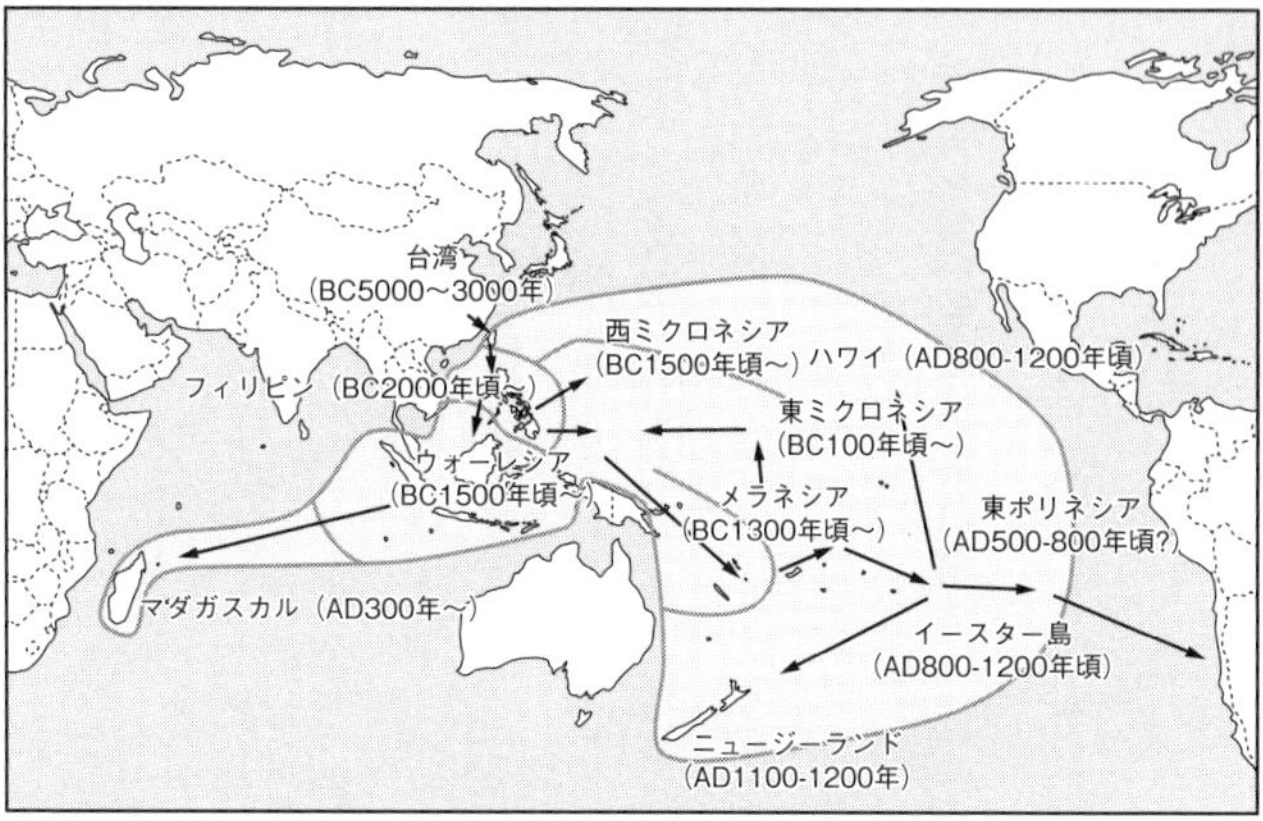

図7-2　オーストロネシア語族の系譜と拡散図（小野 2020）

野２０００、**図7－1、7－2**）。

ラピタ人は、いまから３０００年ほど前に、ハワイ諸島、ラパヌイ（イースター島、**写真7－2**）、ニュージーランドを頂点とするポリネシアン・トライアングルの西側に位置する、フィジーやサモアなどの西ポリネシアの島々を植民、開拓した。当時の縄文人同様、ラピタ人も石器時代、無文字社会、漁撈採集栽培文化の中で生きていた（片山２０２０）。

ラピタとは、この遺跡群から出土してくる共通性の高い土器の名称で、この土器片が最初に発見されたニューカレドニアの遺跡名にちなんで命名された。ラピタ土器を製作し利用してきたラピタ人が、今のポリネシア人の祖先ではないかと考えられてきた。彼らはサモアより東にはしばらく植民せず、サモアより東のポリネシアへの植民が始まった2000年前頃までの約1000年間、サモアやトンガで足踏みしていて、そこでいまに見られるような大柄で筋肉質な体形や、ポリネシア文化を特徴付ける物質文化や信仰体系の基本が生成されたと考えられている（小野 2010b）。

いまから2000年ほど前、ポリネシア人は突如、サモアやトンガの島々から東へ漸進した。そして、遠洋航海を繰り返し、マルサス諸島やタヒチのあるソシエテ諸島などの中央ポリネシア、さらにはハワイ諸島やラパヌイ、ニュージーランドなど、いわばポリネシアの辺境地まで到達・開拓し、ポリネシア文化が培われていった（片山 2020）。

メラネシアのバヌアツやソロモンでは3000年前までにはメラネシア系の住民が定住しているが、東ミクロネシアに人が定住したのは、2100年前頃である（図7-2）。

◆海面変動と人の移住

このメラネシアと東ミクロネシアの人の定住時期に1000年近くも差がある原因として、島の地形や標高が大きく関係している。メラネシアのソロモン諸島は大半が火山島であり、ガダルカナル島のポポマナセウ山は標高2335mである。また、バヌアツの83の島の大半が火山島であり、最大の島エスピリトゥサント島のタブウェマサナ山は標高1878mだ。3000年前は縄文時代にあたり、温暖で海面上昇していた時期、すなわち「縄文海進」の頃だが、標高の高い火山島は陸地として存在していた。

一方、東ミクロネシアのマーシャル諸島は国土の大半が海抜1m未満のサンゴ礁の環礁の島である。同じく東ミクロネシアのキリバスは、33の環礁からなっていて、平均標高は約2mである。2000年前頃、すなわち弥生時代に入ると海面が低下していった。いわゆる「弥生の小海退」の時期である。この海面低下によって、海面すれすれの環礁の島々が陸化していった。そこにメラネシアから渡ってきた人々が定住していったのである。

この海面変動と人の移住の関係は、日本の奄美群島、沖縄諸島の各島の標高とハブの分布の関係に似ている。ハブのいない島は標高が低い隆起サンゴ礁の島で、ハブが生息しているのは標高の高い火山島であることが多い。海面が低下していた時代にハブが生息していても、海面上昇によって、標高の低い隆起サンゴ礁の島は水没し、ハブは死滅したが、標高の高い火山島は沈まなかったため、ハブが生き残り、その後再び海面が下がって、いまのような島々が存在しているという仮説である。別の説では、沖永良部《おきのえらぶ》島のようなサンゴ礁の化石でできている島は、土壌がアルカリ性であり、そのためハブが死んでしまうと言われている。ハブのいない島の最高地点の標高と、ハブのいる島の最高地点の標高を以下に示してみる。

ハブのいない島：喜界《きかい》島（２１４ｍ）、沖永良部島（２４０ｍ）、与論島（98ｍ）、北大東島（74ｍ）、南大東島（75ｍ）、波照間《はてるま》島（60ｍ）、与那国島（２３１ｍ）、由布島（２ｍ）、下地島（22ｍ）、伊良部《いらぶ》島（89ｍ）、多良間《たらま》島（34ｍ）、久高《くだけ》島（18ｍ）、宮古島（１１５ｍ）。

ハブのいる島：奄美大島（６９４ｍ）、加計呂麻《かけろま》島（３２６ｍ）、与路島（２９７ｍ）、徳之島（６４５ｍ）、沖縄本島（５０３ｍ）、伊江島（１７２ｍ）、久米島（３１０ｍ）、渡嘉敷島（２２７ｍ）、石垣島（５２６ｍ）、西表《いりおもて》島（４６９ｍ）、竹富島（33ｍ）、小浜島（１００ｍ）、具志川島（28ｍ）、座間味島（１６１ｍ）。

◆ポリネシアへの人類拡散

２０００年前頃より再びサモアやトンガを拠点に、新たな東進が開始され、クック諸島やミクロネシアのマーシャル諸島で２０００年前頃から人類の居住が始まる。さらに東進を続けたポリネシア人は、ポリネシアの中核となるマルケサス諸島やソシエテ諸島に到達し、ＡＤ８００年頃に居住し始める。マルケサス諸島からは、９００年以降にポリネシアの北端のハワイ諸島へ移住をした可能性が高い。そして、ラパヌイ（イースター島）には800～1200年、ニュージーランドへは1200年以降に移住したと考えられている（小野 2017）。

小野（2017）によれば、南太平洋に進出した人類が果たした海洋適応としては、次の3つが指摘できるという。1つ目は、長距離航海を可能にした船舶・航海技術の発達、2つ目はその技術を駆使し、移住後にも島嶼間を行き来する海上ネットワークを発達させたこと、3つ目は遊泳速度の速いカツオやマグロ、サワラといった外遊魚種、あるいはサメ類やトビウオ類といった多様な魚種の捕獲技術を発達させたことだという。

オーストロネシア語族と推察されるラピタ人以降は、アウトリガー・カヌー（安定性を増すために、カヌー本体の片脇あるいは両脇にアウトリガーとも呼ばれる浮子《うき》が張り出した形状をもつ）が長距離航海で利用されてきた。その理由としては、オーストロネシア語族とこのカヌーの分布圏がほぼ一致することがあげられる。ただし、オーストロネシア語族の起源地とされる台湾にはこのカヌーが分布していないので、このカヌーが誕生したのは東南アジア島嶼部のどこかである可能性が高い（小野 2017）。島の数が多く、島嶼間の距離が短い東南アジア海域では比較的安定性の高いダブルアウトリガーがまず普及し、オセアニア方面への航海が頻発化する中で、外洋航海により適したシングルアウトリガーが利用されるようになる（後藤 2003、**写真7－3**）。

ポリネシアではさらに、シングルアウトリガーからダブルカヌー（船体を2つ使用した大型カヌー）が発展的に誕生したとされている。2つの船体の間にはデッキが設けられて積載能力に長《た》け、しばしば、数千㎞の距離を無補給で航海できた。

◆ポリネシアでは体が大きく太っている人が多いのはなぜか？

パプアニューギニアやソロモン諸島などメラネシアには肌が黒く、中肉中背で、髪が縮れたり、巻いたりしている人が多く住んでいる。一方、サモアやトンガなどポリネシアには、褐色の肌で、髪はまっすぐかやや波状で、身長が高く、体重も重い人が多い。ポリネシアの人びとは東アジア的なモンゴロイド系である。なぜ、ユーラシアに近いメラネシアではなく、はるか遠いポリネシアに東アジア的特徴が見られるのであろうか？

いまから5万～3万年ほど前に、人類がメラネシアの一部に住み始め、メラネシア人の先祖となった。そしてはるかに遅れること、3000～1000年ほど前に、東アジアから派生した別の人類グループが、アジアで培った農耕技術や遠距離航海技術を携えて、東南アジ

写真7-3　古代からポリネシアの広範囲を移動したアウトリガー・カヌー（フィジー）

安定性を増すために、カヌー本体の片脇あるいは両脇にアウトリガーとも呼ばれる浮子が張り出した形状をもつ。

写真7-4　アウトリガー・カヌー（パラオ）

写真7-5　ポリネシアには体が大きく肥満体形のひとが多く見られる（ラパヌイ）

アの島々から、メラネシアの沿岸部・島嶼部を通って、さらに東のポリネシアに短期で移住していったためと考えられている（古澤２０１０）。

　ポリネシアの人々は、モンゴロイド系なのに、体が大きい。トンガやクック諸島では15歳以上の成人のうち、65％以上が肥満である（日本や中国は約3％）。これを説明する説としては、倹約遺伝子説というものがある。アジア大陸からポリネシアへと、小さな島々の間を航海して移住していった集団は、その中で限られた食糧に耐えなければならない期間が長かった。食べられるときに余剰な食糧をエネルギーとして体内に貯蔵できる体質の人だけが生き残ることができ、そうでない人は淘汰された。しかし、この体質のために、食糧が安定的に得られる現在では、肥満になってしまうという仮説である。また、ポリネシア人は過食気味だともいわれている（古澤２０１０）。

ほかには、航海中に船上で波しぶきに濡れると熱帯でも体感気温は低くなり体熱放射が大きくなって、寒冷地の人々が身体を大きくして筋肉量を増やし、寒冷気候に適応したようなことが、ポリネシア人にも起きたという説がある（ホートン２０００）。また、新しい島に植民したポリネシア集団が急速に人口を増加させてその土地に定着するため、過成長的に身体の成長スピードが速まり、初潮年齢や出産年齢が低年齢化したのではないかという説もある（片山１９９１、印東２０１７）。

◆言語や文化の共通性

ポリネシアン・トライアングルと呼ばれる北端をハワイ諸島、南東端をラパヌイ（イースター島）、南西端をアオテアロア（ニュージーランド）とし、この3点を結んでできる三角形の中では、オーストロネシア諸語が使われ、言語のみならず、伝統文化、芸術、宗教なども似通うポリネシア文化圏を構成する。あやとりはポリネシアに共通する遊戯である（**写真7－6、7－7**）。マオリ語（ニュージーランド）、ハワイ語、タヒチ語、ラパヌイ語（イースター島）がオーストロネシア諸語（ポリネシア系言語）に属し、言葉が似通っている（**表7－1、7－2**）。

写真7-6　ラパヌイの「あやとり」
ラパヌイ人であるMaria R. Pakarati Araki氏が見せてくれた。

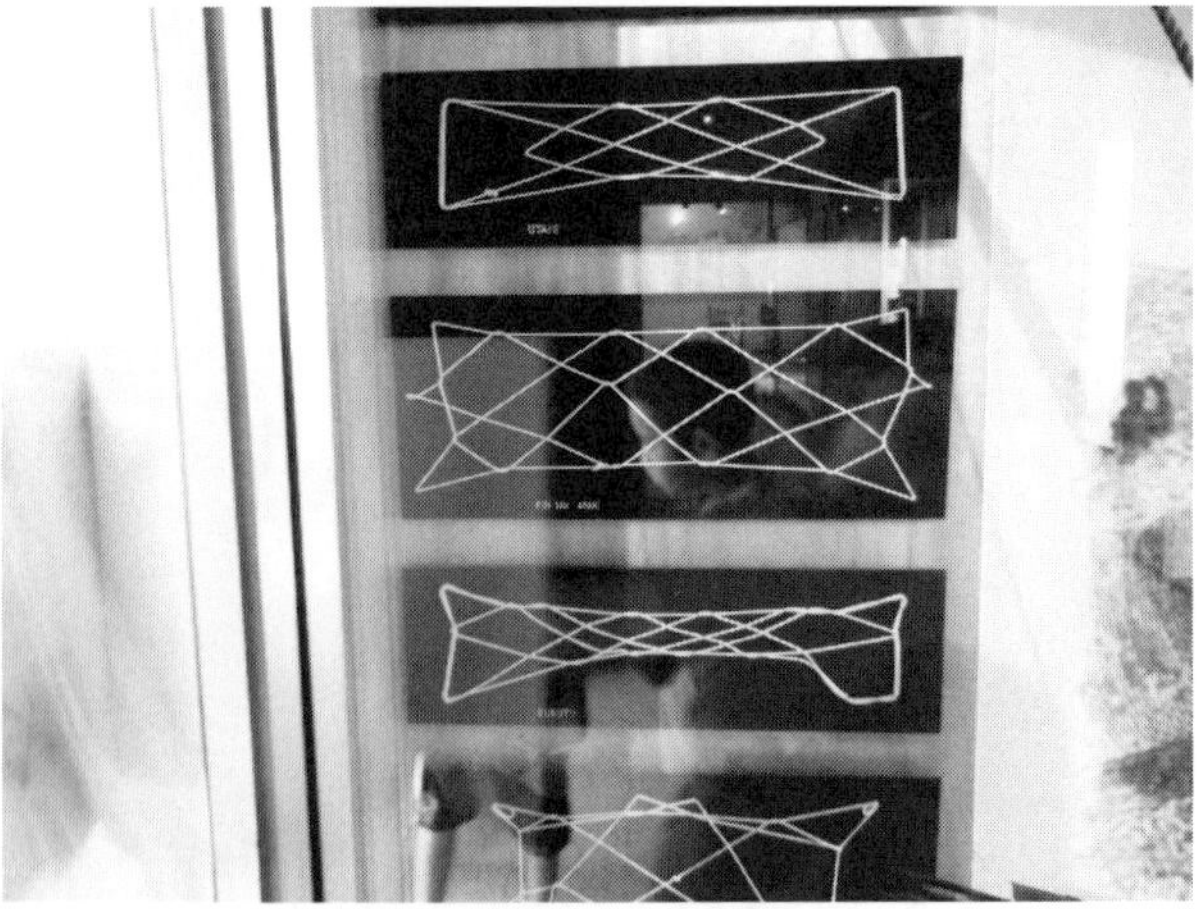

写真7-7　タヒチの「あやとり」（タヒチ博物館）

表7-1　オーストロネシア諸語（ポリネシア系言語）の例

	ハワイ	マオリ（ニュージーランド）	タヒチ	ラパヌイ（イースター島）	マレー／インドネシア	マダガスカル
死ぬ	make	mate	mate	mate	mati	maty
魚	I ‘a	ika	I ‘a	ika	ikan	fia

表7-2　オーストロネシア諸語（ポリネシア系言語）の比較（Schütz 2011）

	ハワイ語	タヒチ語	マオリ語
鳥	manu	manu	manu
カヌー	wa ‘a	va ‘a	waka
子供	kamali‘i	tamari ‘i	tamaiti
飲む	inu	inu	inu
顔	maka	mata	mata
魚	i ‘a	i ‘a	ika
飛ぶ	lele	rere	rere
手	lima	rima	ringa
頭	po ‘o	ūpo ‘o	ūpoko
家	hale	fare	whare
月	malama	marama	marama
夜	pō	pō	pō
人	kanaka	ta'ata	tangata
力	mana	mana	mana
雨	ua	ua	ua
海	moana	moana	moana
病気	ma ‘i	ma ‘i	maki
皮	‘ili	‘iri	kiri
空	lani	ra ‘i	rangi
歯	niho	niho	niho
亀	honu	honu	honu
何？	aha	aha	aha
女	wahine	vahine	wahine

写真7-8　マダガスカルで出会った少女姉妹 口絵
おそらく両親の片方がアフリカ系、片方がアジア系と思われる。マダガスカルではアジア系とアフリカ系の両者の顔つきの人が混在している。

しかし、ハワイとニュージーランドは8000㎞、タヒチとラパヌイ（イースター島）は4000㎞離れている。ラパヌイは人の住む最も近い島であるピトケアン島まで2000㎞も離れた絶海の孤島である（**写真7-2**）。大きさも北海道の利尻島くらいしかない。

マレー諸語（西オーストロネシア語群）にはタガログ語（フィリピン）、マレー語（マレーシア）、インドネシア語、マダガスカル語が含まれる（**表7-1**）。それらはポリネシア諸語（オセアニア諸語）と似ている。これに台湾原住民諸語（高砂諸語）（「先住民」は漢語で「すでに滅んでしまった民族」を意味するため、彼ら自ら原住民と呼び、台湾では「先住民」は使用されないので、現地の呼称や少数民族の意見を尊重し「原住民諸語」とする）を合わせてオーストロネシア諸語（マレー・ポリネシア諸語）と呼ばれ、これらの民族はオーストロネシア（マレー・ポリネシア）語族と言われる。マダガスカルには、BC350年からAD550年の間にオーストロネシア系の人々が稲作の技術を携えて、アウトリガー・カヌーに乗ってボルネオ島南部からやってきたと考えられている（**写真7－8**）。そのため、マダガスカル語はオーストロネシア語族に属し、マレー語などに近い。

◆ラパヌイ（イースター島）の森林破壊

ラパヌイ（イースター島）は周囲2000㎞以内に人が住む島をもたない、面積が約166㎢の小さな火山島の孤島である。ラパヌイは、現在ほとんどはげ山状態で、森林は集落の周辺や谷沿いに少し見られるだけである（**写真7－9**）。かつてのモアイ像の運搬や人口増加などで森林が破壊し尽くされ、島全体がはげ山となっている。

ラパヌイの文明が滅びた説としては自然破壊や部族間抗争が原因であるという説が有力だ。島民の入植から17世紀まではモアイ像がつくられ続けたが、モアイの運搬・設置には大量の木材が必要で、森林伐採が続いた。さらに人口爆発により、森林破壊が進行し、土壌侵

写真7-9　ラパヌイの島の最高地点からの遠望
少し緑があるところが、島唯一の村のハンガロア村。ラパヌイ（イースター島）にはほとんど木がなく、かつての森林破壊で島はほとんど草地になっている。村から最高地点まで馬で移動し、撮影した。

食によって肥沃な土壌が海に流出し、土は痩せていった。やがて食糧不足が生じ、部族間抗争が起きてきたという。他には、ネズミの食害やヨーロッパ人の奴隷狩りが原因とする説もある。

現在、この小さな島に6000〜7000人が住んでいて、人口の約7割がラパヌイ人、約3割が観光業に従事するためにやってきたチリ人である。

ラパヌイの森林は破壊されて現在草地が広がっているため、土壌侵食が進んでいる。ラパヌイにもともとあった木としてはマコイ（Mako'i）と現地で呼ばれるアオイ科サキシマハマボウ属のサキシマハマボウ*Thespesia populnea*があるが、この樹種はインド洋から

写真7-10　ラパヌイの固有種トロミロの稚樹
この樹木はかつて島全体を覆っていたが、その後、島ではこの樹種は絶滅した。

太平洋諸島の海岸地域に広く分布している常緑の高さ5～15mの小高木である。属名はギリシャ語の「神々しい（thespesios）」に由来し、この種がインドなどでは神殿をはじめ神聖な場所に植樹されていたことに基づくと考えられている。また起源地はニューギニア島東部と推定されている。この木は、ラパヌイの古文字ロンゴ・ロンゴ文字が掘られる木板として古くから利用され、またはこの硬い樹木は彫刻品に使われてきた。

島の固有種であるトロミロ（*Sophora toromiro*）の木はマメ科クララ属の樹木である（**写真7-10**）。クララ属は熱帯および暖帯に約50種が分布し、草本、低木、高木までさまざまであるが、いずれも数珠《じゅず》玉状の果実を付けるのが特徴である。この樹木はかつて島全体を覆っていたが、絶滅寸前の1本から種子がスウェーデンに持ち帰られ、ストックホルム、ベルリン、ロンドンで育てられた。その後、島ではこの樹種は絶滅したので、ヨーロッパで育った苗木が逆輸入され、現在CONAF（Corporación Nacional Forestal: 国立森林組合）で大切に育てられている。

トロミロの木は非常に弱い植物であるため、稚樹のまわりをネットで囲んで保護し、また根もとには線虫類に侵されないように強いにおいを発する草本を育てて保護している。大木になるには50年以上かかるという。将来的にこの固有種が島全体を覆い、かつての自然を取り戻すことが期待されている。

◆太平洋諸島での日本の影響

太平洋の島々は、第二次世界大戦時に、日本軍が侵攻した場所が少なくなく、その影響がいまでも残っている場所がある（**写真7－11**）。ミクロネシアのパラオは、第一次世界大戦後、それまでドイツ領であったのが、パリ講和会議によって、日本の委任統治領になった。中心地のコロールには南洋庁と南洋庁西部支庁（パラオ支庁）が置かれ、多くの日本人が移住し、日本人街が形成されていた（**図7－3**）。1944年6月時点のパラオの人口は日本

写真7-11　第二次世界大戦時に日本軍の電信のために使用された発電機（パラオ）

人2万7486人、島民6474人、欧人（宣教師）18人であった（坂上・八田 1990）。図7－3は佐藤百合昭氏（日本パラオ友好団体協議会会員）が長年かけて現地調査をし、作成したコロール市街図（大正10～昭和20年［1921～1945］）である。筆者は佐藤氏とコロールで知り合い、この地図のコピーと使用許可をいただいた。

地図には南洋庁やパラオ支庁、旭球場、日本銀行代理店、パラオ医院やパラオ小学校、郵便局が見られる（図7－4）。市街地には、食堂、自転車屋、洋服店、饅頭《まんじゅう》店、洗濯屋、喫茶店、菓子屋、布団屋、ペンキ屋、床屋、おもちゃ屋、タクシー、時計店、服地屋、写真館、運送屋、おでん屋、八百屋、焼き鳥

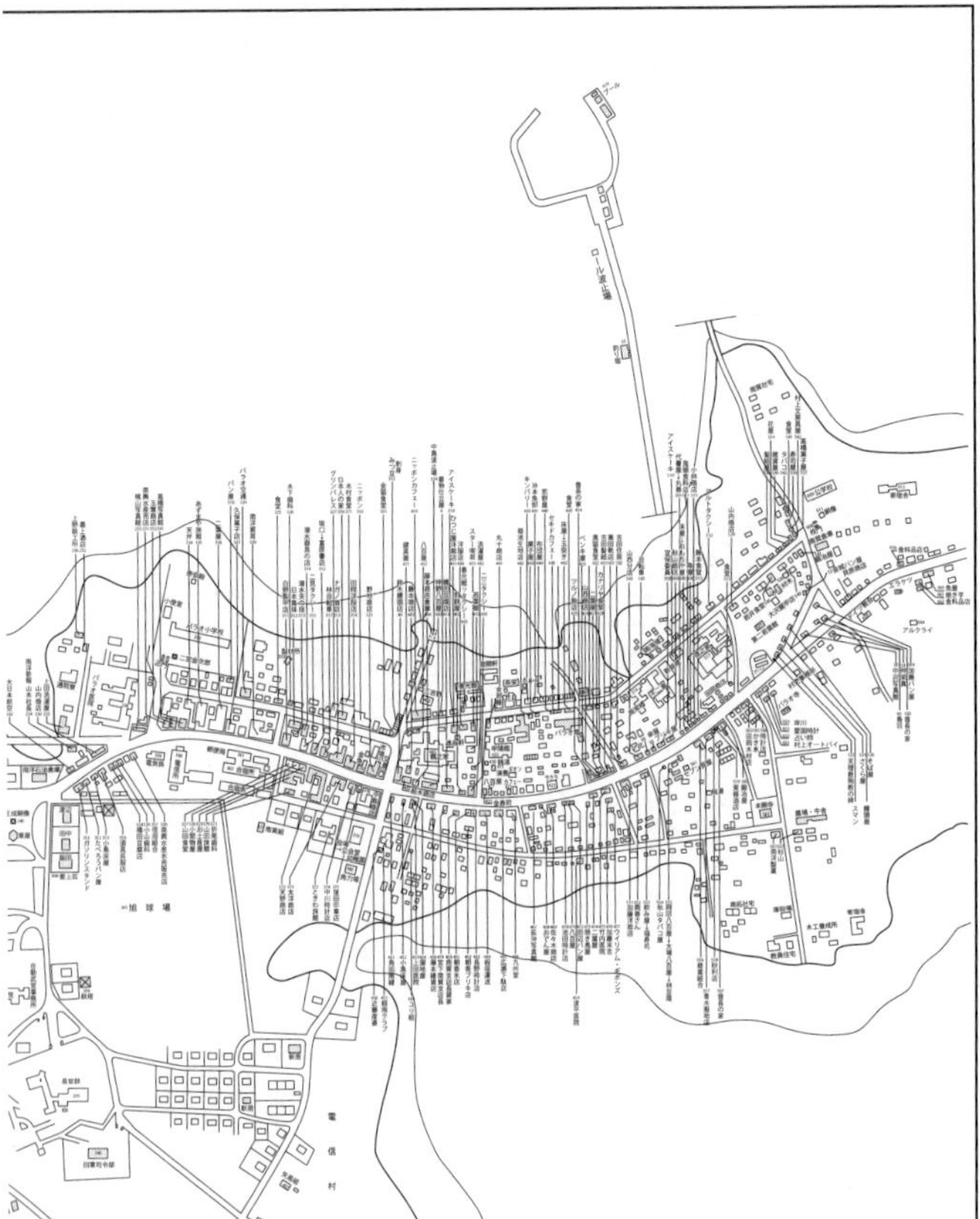

（佐藤百合昭氏作成）

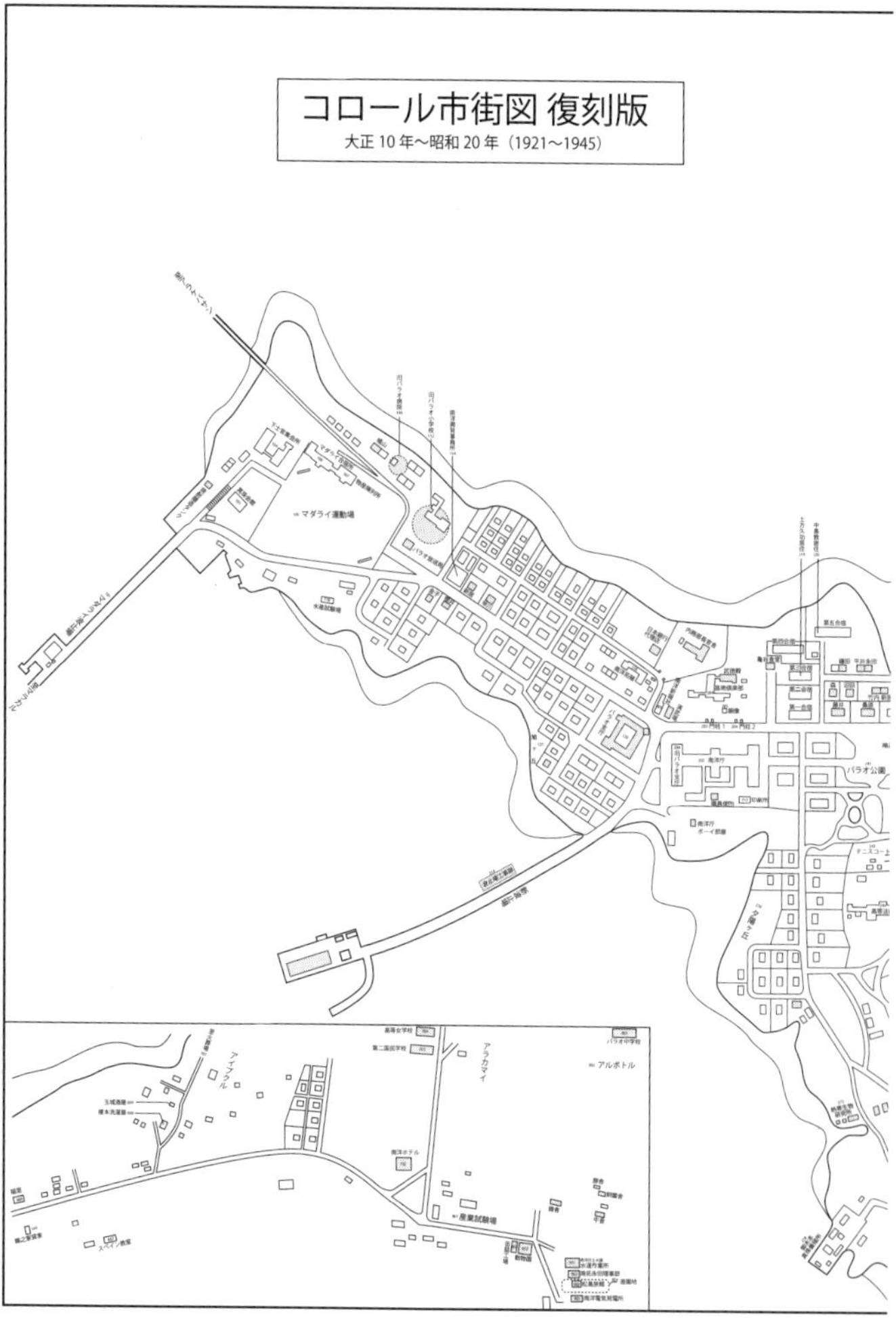

図7-3　コロール市街図（大正10年～昭和20年［1921～1945］）

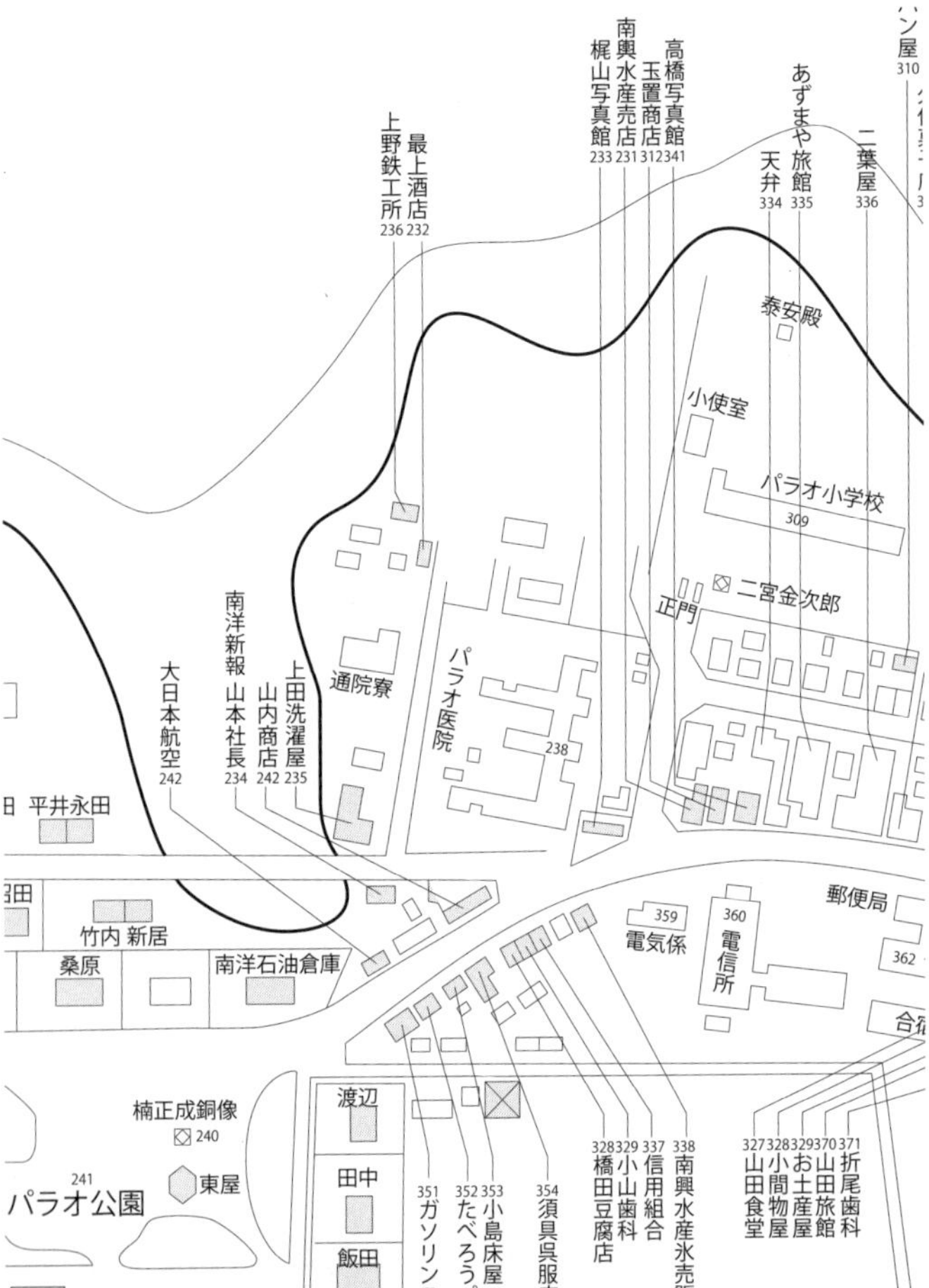
ン屋 310
梶山写真館 233
南興水産売店 231
玉置商店 312
高橋写真館 341
あずまや旅館 335
天弁 334
二葉屋 336
上野鉄工所 236
最上酒店 232
泰安殿
小使室
パラオ小学校 309
二宮金次郎
正門
パラオ医院
238
通院寮
上田洗濯屋 235
山内商店 242
南洋新報 山本社長 234
大日本航空 242
平井永田
竹内 新居
桑原
南洋石油倉庫
359 電気係
360 電信所
郵便局
362
合宿
楠正成銅像
240
241 パラオ公園
東屋
渡辺
田中
飯田
300 愛上荘
351 ガソリンスタンド
352 たべろうパン屋
353 小島床屋
354 須具呉服店
328 橋田豆腐店
329 小山歯科
337 信用組合
338 南興水産氷売販売店
327 山田食堂
328 小間物屋
329 お土産屋
370 山田旅館
371 折尾歯科
365 旭球場

図7-4　図7-3の一部拡大（佐藤百合昭氏作成）

屋、医院、洋裁屋、寿司屋、タバコ屋、豆腐屋、お寺、旅館、氷屋、ブリキ屋、下駄屋、花屋、オートバイ屋、鍛冶屋、髪結屋、雑貨屋、材木屋、酒屋、銭湯、カフェ、交番、市場などが建ち並び、女郎屋や占い師という文字も見られる（図7－3）。

日本統治とともに、日本語による学校教育が現地人に対しても行われるようになった。現地人子弟への教育は、日本人子弟とは別の学校で行われた。「南洋諸島」の行政の中心地であったコロール島などでは、1922年に島民のための公学校（島民向け、本科（3年）と補習科（2年）を設置、主たる教師は基本的に日本人、教科書『南洋群島国語読本』を用い国語教育に力を入れた学校教育）がコロール、マルキョク、ガラルド、ペリリュウ、アンガウルに創設され、日本人に対しては、1928年にはパラオ幼稚園、1940年に二つの小学校（当時は国民学校）、1941年にはパラオ高等女学校、1942年には南洋庁唯一の中学校（南洋庁立パラオ中学校）（旧制）が創設された（坂上・八田 1990）。

筆者が現地で知り合った高齢女性は、公学校で教えを受けた日本人女性教師に会うため、戦後、3回日本の教師宅を訪ねたと語っていた。

日本人の流入や日本語教育の影響で、現在のパラオの外来語の多くが日本語から来ている。デンキ、デンワ、センプウキ、センセイ、ダイトウリョウ、ハイシャ、オキャク、クル

写真7-12　シニアシチズンセンターで、花札に興じている高齢者の人たち

マ、オツリ、ハゲ（はげ山から）、チチバンド（ブラジャーのこと）、ハブラシなどである。また、現在のパラオの人名にも日本人名が数多く見られる。日本人の苗字をパラオ人の苗字としたり、日本人の名前をパラオ人の苗字として使用したりしている。

また、パラオ人の高齢者の多くは日本語が話せ、名前が日本名であることが少なくない（ハルコ、アケミ、ヒサエ、キクエ……）。高齢者たちが日本の花札に興じている姿を見ることもあった（**写真7－12**）。

引用文献

印東道子（2017）：『島に住む人類――オセアニアの楽園創世記』臨川書店
片山一道（1991）：『ポリネシア人　石器時代

の遠洋航海者たち』同朋舎出版
片山一道（2020）：「ポリネシア人はアジア人なり」秋道智彌・印東道子編『ヒトはなぜ海を越えたのか――オセアニア考古学の挑戦』雄山閣、149－157
後藤明（2003）：『海を渡ったモンゴロイド』講談社
小野林太郎（2010a）：「気候と自然――陸島、火山島、サンゴ島」吉岡政德・石森大知編著『南太平洋を知るための58章』明石書店、23－27
小野林太郎（2010b）：「島じまの発見者――南太平洋の人びとのルーツと移住史」吉岡政德・石森大和編著『南太平洋を知るための58章』明石書店、50－54
小野林太郎（2017）：『海の人類史――東南アジア・オセアニア海域の考古学』雄山閣
小野林太郎（2020）：「オセアニアへの人類移住と海洋適応」秋道智彌・印東道子編『ヒトはなぜ海を越えたのか――オセアニア考古学の挑戦』雄山閣、70－83
坂上澄夫・八田明夫（1990）：「パラオ諸島の歴史と地質」『地学雑誌』99－3、230－246
古澤拓郎（2010）：「身体からみた2つのネシア――人類史が育んだ多様性」吉岡政德・石森大知編『南太平洋を知るための58章』明石書店、28－31
フィリップ・ホートン〔片山一道訳〕（2000）：『南太平洋の人類誌――クック船長の見た人びと』平凡社
Schütz, A. J.(2011)：『ハワイ語のすべて』Island Heritage Publishing, Hawaii

第8章

なぜ世界どこでも山が信仰の対象になるのか？

―御嶽山、愛宕山、ヒマラヤ、ケニア山、アグン山（インドネシア・バリ島）、アンデス―

写真8-1　御在所岳《ございしょだけ》（鈴鹿山脈）山頂付近にはいくつもの神社がある（2021年撮影）

御在所岳（1212m）は山岳宗教、修験者の道場として多くの修行者、信仰者が集まって栄えた時代があり、参詣の帰途、湯の山の温泉に浸かり薬師医王の霊験にあずかったといわれている。

世界の多くの地域で山が信仰の対象になっている。山岳信仰は自然崇拝、アニミズムの一つで、山岳と関係の深い民族が、山岳地の雄大で厳しい自然環境に対して抱く畏怖の念や恐れ敬う感情から発生した宗教形態であると考えられる。山岳信仰では、山岳地に霊的な力があると信じられ、地域住民の生活を律するために、山の圧倒感や霊的な力を利用する形態が見受けられる。

世界各地でどのような山が信仰の対象になっていたのであろうか？

◆日本の山岳信仰

日本の山岳信仰の主な形態は次の3つにまとめられる。

1．火山への信仰

火山は突如として噴煙を上げて爆発・噴火する。その噴火に対する畏れから、神の怒りを感じ、火山に神がいると見なして信仰をする。（富士山、阿蘇山）

2．水源である山への信仰
農耕民にとって水の供給は重要な関心事であり、水の源となる山は、その恩恵を受ける周辺住民にとって神の山として信仰の対象となった。（白山）
3．死者の霊が集うとされる山への信仰
死者の霊魂が死後に高いところに登り、やがてそこに住み着くとされて、霊山として信仰の対象になった。（恐山、立山）

◆御嶽山《おんたけさん》の噴火と山岳信仰

御嶽山は1979年に水蒸気爆発をした。それまで御嶽山は死火山とされていて、その死火山が爆発したのでみなびっくりしたのであった。この噴火をきっかけに、それまでの火山の分類（死火山、休火山、活火山）が見直され、いまでは活火山以外の用語は使用されていない。この御嶽山が2014年9月27日に再度噴火したのだった。秋の紅葉シーズンの週末土曜日のちょうどお昼だった。水蒸気爆発による噴石が主な原因で58名の死者と5名の行方不明者を出した（写真8－2、8－3）。

日本では、山は豊かな水系を育み、自然の恵みをもたらすだけでなく、洪水や山崩れ、と

写真8-2　御嶽山の噴火（2014年9月27日11時54分、田村茂樹撮影）

写真8-3　女人堂に避難してきた登山者たち（2014年9月27日12時58分、田村茂樹撮影）

きには噴火という災害をもたらす。日本人は古来から自然、とくに山を畏怖し、信仰の対象としてきた。

山への自然崇拝が仏教の伝来とともにそれと融合していく。仏教では山を修行の場とし、最澄が比叡山、空海が高野山を開創すると、仏教、とくに密教は山岳信仰に大きな影響を及ぼす。

江戸時代中期になると修験者の案内による庶民の登拝が行われるようになる。いわゆる講という組織ができていった。

御嶽山は中央火口丘の剣ヶ峰を主峰に継子岳《ままこ》（写真8－4）、摩利支天岳《まりしてん》、継母岳《ままはは》、王滝口頂上の五峰を形成し、5色の龍が棲むという、一ノ池から五ノ池までの5つの火口湖がある（写真8－5）。剣ヶ峰は座王権現《ざおうごんげん》、大己貴命《おおなむちのみこと》（写真8－6、8－7、8－8）、大滝口頂上は日権現《ひのごんげん》（少彦名命《すくなひこなのみこと》）、二ノ池は士祖権現（国常立尊《くにのとこたちのみこと》、写真8－9）とされ、三権現（御嶽三神）を総称して御嶽大権現としていた（鈴木　２０１５）。急峻な地形に多くの河川や滝がある御嶽山の豊かな自然は、行者の修行場として最適な土地であった。

『王御嶽登山社礼伝祝詞巻』によると、山中には38社あり神名が記されている。山中には賽《さい》の河原や地獄谷があり（写真8－10）、極楽浄土と地獄が同居する山中他界観が見られる（鈴

写真8-4　継子岳（背景は乗鞍岳と北アルプス、2020年撮影）

写真8-5　三ノ池（2015年撮影）
5つの池の中で最大の秘所といわれ、ここの水を祈禱して飲むと万病に効くとされている。

写真8-6　剣ヶ峰の御嶽神社頂上奥社に達する階段（2020年撮影）

写真8-7　火山噴火（2014年）の噴石で破壊された灯籠（2020年撮影）

写真8-8　御嶽神社頂上奥社に達する階段脇の灯籠と復元中の山小屋（2020年撮影）

写真8-9　二ノ池（2020年撮影）
池が2014年の火山噴火時の火山灰で埋まっている。

写真8-10　賽の河原付近（2020年撮影）

木2015）。

江戸中期までは重潔斎《じゅうけっさい》と呼ばれる、百日間の修行と精進を山麓で行わなければ登拝が許されず、山頂踏破も年一回のみとされていた。この重潔斎を簡略化した軽精進による登拝を行ったのは行者・覚明《かくめい》であり、軽精進による登拝許可が下りないと、1785年に信者38名を連れて強行登拝を行い、やがて軽精進は既成事実となり、一般人の登拝の契機がつくられた。1792年には修験者・普寛《ふかん》が王滝口から登拝し、王滝口の登山道が開かれた。

19世紀前半になると御嶽講が各地に結成される。江戸時代に民衆化した御嶽講は、明治時代には神仏分離令が通達されると、権現号を神号に改め、積極的に神道儀礼を取り込んでいく（鈴木 2015）。

御嶽山の年間登山者は増え続け、現在も白装束をまとった御嶽講の信徒が「懺悔《ざんげ》懺悔、六《ろっ》根清浄《こんしょうじょう》」の掛け声で登拝している。

写真8-11　9合目以上の立ち入り禁止の看板（2015年撮影）
火山噴火翌年には岐阜県側登山口が山開きし、9合目まで行けるようになった。

御嶽教の普及に専念していた行者・覚順《かくじゅん》は、鈴鹿山脈の御在所岳を訪れ「偶々鈴鹿山系の主峰御在所岳が神霊安置の地に最適なり」と、明治初年に木曽の御嶽山より分霊して、頂上に洞《ほこら》をつくって祀り、明治17年には御嶽大権現の小社を建立して御岳神社の分霊を移した（写真8－1）。

２０１４年の火山噴火は、戦後最悪の火山災害を引き起こしたが、翌年の２０１５年６月７日には岐阜県側登山口で山開きが行われ、７月１日から９合目まで入山可能となり、五の池小屋もオープンした（写真8－11）。

◆愛宕山《あたごさん》と愛宕信仰

全国に愛宕山と呼ばれる山が多数存在しているが、それらは愛宕神社（43都道府県に約1000社ある）と関連がある山である。その一つの京都の愛宕山を取り上げる。その愛宕山（924m）は京都の北西部にあり、山城国と丹波国の国境に位置する。山頂には愛宕神社があり、愛宕の神は火防《ひぶせ》（火伏《ひぶ》せ）に霊験のある神として広く信仰されるようになった（**写真8－12**）。愛宕信仰は、山頂の愛宕神社から発祥した火防の神に対する神道の信仰で、地域に「愛宕講」と呼ばれる講が組織された。愛宕講ではひと月に1回、代参者が愛宕山に登る。代参者は「阿多古祀符火廼要慎」と書いた祈禱済みの護符《ごふ》と樒《しきみ》の枝を受けて町内に戻ると、まず氏神境内の愛宕社や愛宕灯籠などへ護符を納め、講員や町内全戸へ護符と樒を配る（**写真8－13**）。愛宕の護符は台所の柱や壁に貼り、樒は竈《かまど》の上などに置いて火難除けにした。愛宕灯籠には、毎晩愛宕講や町内会の人などが火を点《とも》し、「火とぼし」とか「あたごさん」と呼ばれている（**写真8－14、8－15**）。

写真8-12　愛宕山の山頂にある愛宕神社に通ずる階段（2019年撮影）

写真8-13　愛宕神社で売られている樒（2019年撮影）

写真8-14　愛宕灯籠（京都市左京区岩倉、2019年撮影）

写真8-15　愛宕灯籠とその背後の地元消防団の施設（京都市左京区岩倉、2019年撮影）
建物の中には伝統的な消防のための道具が保管されている。

◆ヒマラヤの山と精霊信仰（インド）

インドの北東部地域で、西をブータン、南をアッサム、北をチベット、東をミャンマーに囲まれたアルナーチャル・ヒマラヤ（写真6－22）の山岳地帯にアルナーチャル・プラデーシュ州がある。この州の領土の帰属をめぐって、長らくインドと中国の間で国境紛争が生じ、1990年代まで外国人の入域が禁止されていたため、ベールに包まれた地域となっている。現在も特別区域入域許可証を必要とし、許認可を受けたガイドを付けないと入域は許されていない。

アルナーチャル・プラデーシュ州の北西部にはモンパ民族が住んでいる。そしてタワン（3025m）を中心に住むタワンモンパと、ディラン（1700m）を中心として居住しているディランモンパでは言語が異なり、ディランモンパの言語は東ブータンの言語とほとんど同じであるが、タワンモンパの言語はチベットに近い。モンパ民族はチベット仏教とポン（ボン）教を信仰しているが、ディランモンパの東に分布するブートモンパはアニミズム、シャーマニズムの精霊信仰である。

ポン（ボン）教はチベットで古代から続く民族宗教で、土着的要素と密接な関連をもちながら独自の高度な数理体系を築き上げていき、チベット仏教のニンマ派（古派）とは相互に影響し合って発展してきた。

ディランモンパ地域のテンバンゾンでは、6年に1回、ラスシと呼ばれる山の神への捧げ

写真8-16　テンバンゾンで行われるラスシと呼ばれる山の神へ捧げ物を行うポン（ボン）教の祭式の2日目（2011年撮影）口絵
テンバンゾンの西側の城塞の門からモンパ民族の伝統的衣装をまとった人々が行進をする。

物を行うポン教の儀式・お祭りがある。筆者は２０１１年の２月20～23日の４日間行われたラスシに参加した（水野２０１２、Mizuno and Tenpa 2015）。２日目はテンバンゾンの西側の城塞の門からモンパ民族の伝統的衣装をまとった人々が行進をし（写真８－16）、下方の広場で儀式と宴会が行われる。４つの上位クラン（王族の末裔で、バプーと呼ばれる）ごとに座る席が決まっている。下位クラン（王族の使用人の末裔で、ギラと呼ばれる）の人々はそれぞれの属するバプーの席の後方に座る（写真８－17）。

　ラスシのときにはラマ（僧）がチベット仏教の経典を詠みながら、すべての山の神に祈る。シャーマンは特定の山の神にのみ祈る。

写真8-17　ポン（ボン）教の祭式ラスシの2日目には広場で儀式と宴会が行われる（2011年撮影）
４つの上位クラン「バプー」の人々がそれぞれの神への捧げ物を置いた祭壇の前に座る。その後方に下位クラン「ギラ」の人々が座る。

それぞれの山の神に捧げられる家畜は異なっており、儀式が行われた後は、家畜は殺されることなくそのまま放たれる。

著者が広場で行われていた儀式を観察していたとき、ブートモンパのシャーマンが山の神を呼び寄せ、山の神に家畜を捧げる儀式が行われていた（写真8－18、8－19）。シャーマンは髪の毛を切れないため、２つの角が出ているような帽子の中にその長髪を入れている。シャーマンは特別な言葉で村の歴史を詠し、それを助手が住民に訳して伝える。シャーマンの周りをブロパ（男性）とブロム（女性）と呼ばれるダンサーが踊る。

写真8-18　ブートモンパのプラミと呼ばれるシャーマン（角が出ているような帽子をかぶっている人）が山の神を呼び寄せ、山の神に家畜を捧げる儀式が行われている（2011年撮影）口絵

脇にはその助手、ツァングメンがいて、そのまわりをブロパ（男性）とブロム（女性）と呼ばれるダンサーが踊る。

写真8-19　儀式の際に山の神に捧げられる子牛（2011年撮影）

アルナーチャルではこれらの家畜は殺されず、儀式の後に放たれる。

写真8-20　テンバンゾンで行われている悪霊への捧げ物をするポン（ボン）教の祭式ホシナ（2011年撮影）
かつてはリス村の少年が生け贄にされていたと伝えられている。

◆悪霊に捧げ物をする祭り（インド）

このテンバンゾン村では古くから毎年４－５月頃にポン教のお祭りで、悪霊への捧げ物をするホシナと呼ばれる祭式が行われている**（写真８－20）**（２０１１年は5月１～３日）（水野２０１２、２０１８、Mizuno and Tenpa 2015）。テンバンゾンの人々はかつてこの地方を治めていた王の末裔である人々からなる、いわゆるバプーと呼ばれる人たちであり、そのため１９６０年頃まで各世帯１人の男性（父親あるいは長男）がチベット暦正月ダワ・ダンポ・ロサルの前に、アッサムまで税を集めに行っていた。アッサムに税を集めに行った人はダワ・ダンポ・ロサルの後に村

写真8-21　宗教儀式の際に必要なものが描かれている1枚書きの説明書「サンチェン・グュデェイ・レモ」（2011年撮影）
人間の頭蓋骨でつくられた装飾品や、腕の骨、首の骨、胸の骨、尻の骨などで作られた装飾品、ゾウの皮やトラの皮など。ホシナの際に悪霊への貢ぎ物として必要であった、人間の内臓を取り除いた皮の部分からなる人体も説明書の一番右下に描かれている。

に戻ってくるわけだが、アッサムの人はテンバンゾンの人に悪霊も一緒に送った。その悪霊を取り除く儀式・お祭りがホシナである。

　ホシナの際に悪霊への貢ぎ物として、人間の内臓を取り除いた皮の部分からなる人体が必要であった（写真8－21）。そのためにテンバンゾンではかつてリス民族の少年が生け贄《にえ》にされたと伝えられているが、事実であったかどうかは確認できなかった。言い伝えによれば、3人がミジ民族のアニミストの格好をして走り、その後を2人の大きな刀をもった兵士の格好をしている者が追い、公民館の前の小さな広場までやってきて、ミジ民族のアニミストは逃げ、その後2人の兵士の格好をした者が加わり、4人が地面に縛り付けら

写真8-22　テンバンゾンで行われるポン（ボン）教の祭式ホシナ（2011年撮影）口絵
人間を模したものがすでに取り払われてトルマ（供物）が置いてある。

れたリスの少年の周りを踊りながら回り、最後に少年に刀を振り上げて殺すという儀式である（**写真8－22**）。

現在は、少年の替わりに、羊の肉やボクペ（穀物の粉を湯で練ったもの）で作った人形を切っている。ホシナの日には兼業僧がテンバンゾンのすべての家を回り、トウモロコシやソバの実を部屋の中に撒《ま》いて悪霊を追い出す。最後に空になったブレ（器）を屋外に投げ、上向きだと運がよく、下向きだと運がよくないと信じられている。

◆ケニア山の山岳信仰（ケニア）

アフリカのケニア山（キリニャガ）やキリマンジャロでは、山頂にNgai、ンガイ（神）

が住み着いていると信じられ、信仰の対象になっている（写真8－23）。ケニア山周辺に住むキクユの人々は、干ばつが続くと90歳以上の男性4人が家族と離れて1軒の家の中で1週間にわたってンガイに祈り、その後、大きなイチジク（あるいはスギやオリーブ）の木の下で子羊を生け贄にしてンガイに向かって祈り続ける。子羊は色が真っ黒か真っ白のものに限られている。この儀式で雨が降らなければ、またこの行為が繰り返される。この祈りは平和や健康などについても行われる。

大谷（2016）によれば、ンガイに祈る方法は以下のようである。

イチジクの巨木などの聖木のもとで19歳以上の成人が、オスの子羊を生け贄として殺す（写真8－24）。殺した子羊を焼いて、その煙を天までまっすぐ昇らせる。この「まっすぐ」が重要で、風が強い日は煙がゆらぐため祈りの日には適さない。祈る者が聖木の下に立ち両手を挙げて、ケニア山に向かって祈りを捧げる。「ダァイ　ダ　ダァイヤ　ンガイ　ダァイ」と3回唱え、東西南北4つの山に祈りを捧げる。その後、自分の願いをケニア山に向かって唱えて終わる。「クニンナ　マホゥヤ」と祈りの終了を意味する言葉を唱えて終わる。ほとんどの祈りは人に願いを聞かれぬように深夜もしくは早朝に行われるという。

毎年12月には、1年間の感謝と平和や健康への祈りのために大規模な巡業が行われる。その人数は約3000人ともいわれ、ケニア山のまわりに設けられた数ヶ所の聖木を複数のグループで回るのである（大谷 2016）。

ケニア山（キリニャガ）周辺に住む、ケニア最大の民族集団であるキクユ民族は、古くか

写真8-23　ケニア山（キリニャガ）（2015年撮影）
麓の町や村から見ることができ、山頂にはンガイ（神）が住み着いていると信じられている。

写真8-24　大きな聖木のもとで生け贄を山の神に捧げる儀式が行われる（2015年撮影）

写真8-25　キクユ民族の始まりの土地モコロウエ・ワ・ガザンガ（Mokorwe wa Gathanga）に残る聖木（2015年撮影）

らこの山を信仰の対象として崇めてきた。その始まりはキクユ民族の創始者ギクユが山頂でンガイ（最高神）の声を聞いたことから始まる。ンガイはギクユに谷、川、森、鳥と獣、肥沃な土地を与えると同時に、ンガイは地上での仮のすみかとして大きな山をつくった。それがキリニャガ（ケニア山）である（大谷２０１６）。

——ンガイはギクユをキリニャガの山頂に連れていきその土地の中央にあるイチジクの森を指差した。ンガイはモコロウエ・ワ・ガザンガ（Mokorwe wa Gathanga）と名づけられたその土地に、家と畑をつくるようギクユに命じた。また同時にンガイは、願いたいことがあれば生け贄を捧げて両手をキリニャガに向かって上げよ、そうすればンガイはまたそなたを助けに来るだろうと語った（ケニャッタ　1962）。

これがケニア山に対する山岳信仰の始まりの伝説である。モコロウエ・ワ・ガザンガはケニアのキクユ民族の始まりの土地として、聖木とともにいまもなお残っている（写真8－25）。

ンガイ（神）が山頂に住むと信仰の対象になっている、ケニア山もキリマンジャロも山頂付近には氷河があり、山麓の町や村からは、それが太陽の日射を受けて光り輝いているのが見える。しかし、地球温暖化の影響で氷河はどんどん縮小し、あと10～20年後には消滅すると言われている。氷河が消えてしまったら、地域住民の精神的なものにも少なからず影響があることであろう。

◆バリ島と山岳信仰

インドネシアには多数の火山があり、バリ島にもアグン山（3014m）とカルデラのバトゥール山（1717m）がある（写真8－26）。アグン山は活火山であり、1963年から1964年にかけて20世紀最大規模の噴火の一つを起こし、1000人以上の死者を出した。

写真8-26　バトゥール山と溶岩流（黒っぽい部分が1917年と1926年の噴火による溶岩流）（2020年撮影）

アグン山は、火の神がいる聖なる場所として古くから信仰の対象とされてきた。バリ島では、バリ土着の信仰とインド仏教やヒンドゥー教の習合によって成立するバリ・ヒンドゥーが信仰されている。

バリ・ヒンドゥーの世界観は方角によっても支えられ、とくに重要なのが「カジャ」（山側）と「クロッド」（海側）の対比である。寺院の位置や葬儀の場所、屋敷の構造などが、この対比にしたがって決められている。この方角による世界観に基づき、アグン山の南西山麓にはバリ・ヒンドゥーの総本山であるブサキ寺院がある（写真8－27）。ブサキ寺院は30余の寺院の集合からなっており、破壊神シヴァを祀るプナタラン・アグン寺院、

写真8-27　アグン山の山麓に建つブサキ寺院（2020年撮影）
この寺院の背後には天気のよい日はアグン山がそびえているのが見える。

創造神ブラフマを祀るキドゥリン・クレテッ寺院、繁栄神ヴィシュヌを祀るバトゥ・マデッ寺院がある。

◆アンデスの山岳信仰

アンデスの最高神はパチャママ（Pachamama、ケチュア語・アイマラ語で「母なる大地」を意味する）、大地母神である。パチャママは先住民によって信仰され、山や川など大地のすべてを表し、豊穣を司る大地の神であり、すべてのものの母親とされる。スペインの侵略以降キリスト教化が進んだ現在でも、パチャママはキリスト教と融合しながらも、いまなお信仰され、祭りや結婚式などで慣習として信仰の儀礼が残っている。

チチカカ湖周辺ではかつて高度な文明をもったティワナク文明（あるいはティワナコ文明）が栄えた（写真8－28）。ここに見られる太陽の門には、上のほうに鳥人が彫られており、これはティワナクの最高神のビラコチャ神である（写真8－29）。このティワナクにはたくさんのシャーマンがいる。

パチャママと同じぐらい重要なのが、山の神で、ボリビアではアチャチーラ、ペルーではアプーと呼ばれている。これは一対で、夫婦神である。アチャチーラの妻はアウィーチャ、アプーの妻はアウキだ（実松2015）。

ラパス郊外にそびえるイリマニ（Illimani）山（6439m）は山の神、アチャチーラ・イリマニとして古くから信仰の対象になってきた（写真8－30）。イリマニ山はイリヤンプ（Illampu）山とともにボリビアの重要な霊山である。これらの山はIll'a（イッラ）で始まるが、Ill'a（イッラ）はアイマラ語で精神、スピリッツという意味で、アイマラ民族の間ではすべて新しく生まれる人間、すなわち赤ん坊は、このIll'a（イッラ）をもって生まれてくると考えられている。

アンデスのシャーマンたちは、アチャチーラ、あるいはアプーの住む山というのは、「霊的振動」をしていて、人間の魂を創造する振動、バイブレーションの力を持っているとしている。したがって、アンデスでは、山はただの山ではなく、生きている山と捉えられている（実松 2015）。

イリマニは、ボリビアではアンデスの神話の中の最高神インティを表すものとして捉えら

写真8-28　ティワナクの遺跡（2013年撮影）

写真8-29　太陽の門（2013年撮影）
一番上に鳥人の姿をしている、ティワナクの最高神であるビラコチャ神が見られる。

写真8-30　イリマニ山とラパスの街並み（2013年撮影）

れている。インカ帝国を興したケチュア民族の人々は、太陽の神を天の序列の第1位に置き、インティという名前で神聖視した。

引用文献

大谷侑也（2016）：「息づく山岳信仰――神が住む山　キリニャガ（ケニア山）」水野一晴編『アンデス自然学』古今書院、210－214

ケニヤッタ，J．（1962）：『ケニア山のふもと』理論社

実松克義（2015）：「聖なる自然：アンデスの宗教と文化」https://www.circam.jp/essay/（2021年1月最終閲覧）

鈴木正崇（2015）：監修『日本の山岳信仰』（別冊宝島2373）宝島社

水野一晴（2012）：『神秘の大地、アルナチャル――アッサム・ヒマラヤの自然とチベット人の社会』昭和堂

水野一晴（2018）：『世界がわかる地理学入門――気候・地形・動植物と人間生活』（ちくま新書1314）筑摩書房

Mizuno, K. and Tenpa, L. (2015): *Himalayan Nature and Tibetan Buddhist Culture in Arunachal Pradesh, India: A Study of Monpa*, Springer, Tokyo.

おわりに

今回、本書の執筆のお話をいただいてから、すぐにおもしろそうだと思われる8つのテーマが頭の中に思い浮んだ。そのおもしろさを頭の中で巡らせながら筆を進めていたら、さらに興味深いことがわかってきて、私自身が没頭してしまった。読者のみなさんにもその思いが伝わればと願っている。

地形や自然のしくみをより深く理解していただくために、図や写真を多用した。必要だと思われた写真はあらたに撮影へと足を運んだ。読者のみなさんが、もし興味深いと思われたら、ぜひその現場を実際に訪れて、本書を見ながらご自分の目で確かめていただきたい。現場を見てさらに興味が深まるのではないだろうか。

高校教育の地理歴史の中で世界史のみが必修という偏った学習指導が約30年ぶりに改善され、2022年度から日本史や地理も必修になる。一般の読者のみなさんはもちろんのこと、中高生、大学生、教師のみなさんにもぜひ読んでいただいて、地理に興味をもっていただければ幸いである。

本書作成において、私の元指導大学院生の芝田篤紀さん（現奈良大学文学部講師）、現指導大学院生の神品芳孝さんにご協力いただいた。本書は、ＰＨＰ新書編集部の西村健さんのご尽力なくして出版されることはなかった。ここに厚くお礼申し上げる。

２０２１年４月

水野一晴

PHP新書

PHP INTERFACE
https://www.php.co.jp/

水野一晴［みずの・かずはる］

京都大学大学院文学研究科地理学専修・教授。理学博士。
1958年名古屋市生まれ。名古屋大学文学部地理学専攻卒、北海道大学大学院修士課程修了、東京都立大学大学院博士課程修了。京都大学大学院アジア・アフリカ地域研究研究科助教授などを経て現職。専門は自然地理学（植物地理学）だが、人文地理学や人類学的調査も行っている。これまで調査・研究で世界50か国以上を訪れている。主著に『自然のしくみがわかる地理学入門』（ベレ出版）、『気候変動で読む地球史』（NHKブックス）、『世界がわかる地理学入門』（ちくま新書）、『神秘の大地、アルナチャル』（昭和堂）など。

世界と日本の地理の謎を解く

（PHP新書 1259）

二〇二一年五月二十七日　第一版第一刷

著者――水野一晴
発行者――後藤淳一
発行所――株式会社PHP研究所
東京本部――〒135-8137 江東区豊洲5-6-52
第一制作部 ☎03-3520-9615（編集）
普及部 ☎03-3520-9630（販売）
京都本部――〒601-8411 京都市南区西九条北ノ内町11
組版――朝日メディアインターナショナル株式会社
装幀者――芦澤泰偉＋児崎雅淑
印刷所
製本所――図書印刷株式会社

ISBN978-4-569-84948-5

ＰＨＰ新書刊行にあたって

「繁栄を通じて平和と幸福を」(PEACE and HAPPINESS through PROSPERITY)の願いのもと、ＰＨＰ研究所が創設されて今年で五十周年を迎えます。その歩みは、日本人が先の戦争を乗り越え、並々ならぬ努力を続けて、今日の繁栄を築き上げてきた軌跡に重なります。

しかし、平和で豊かな生活を手にした現在、多くの日本人は、自分が何のために生きているのか、どのように生きていきたいのかを、見失いつつあるように思われます。そして、その間にも、日本国内や世界のみならず地球規模での大きな変化が日々生起し、解決すべき問題となって私たちのもとに押し寄せてきます。

このような時代に人生の確かな価値を見出し、生きる喜びに満ちあふれた社会を実現するために、いま何が求められているのでしょうか。それは、先達が培ってきた知恵を紡ぎ直すこと、その上で自分たち一人一人がおかれた現実と進むべき未来について丹念に考えていくこと以外にはありません。

その営みは、単なる知識に終わらない深い思索へ、そしてよく生きるための哲学への旅でもあります。弊所が創設五十周年を迎えましたのを機に、ＰＨＰ新書を創刊し、この新たな旅を読者と共に歩んでいきたいと思っています。多くの読者の共感と支援を心よりお願いいたします。

一九九六年十月

ＰＨＰ研究所

1118 歴史の勉強法　山本博文
1121 明治維新で変わらなかった日本の核心　猪瀬直樹／磯田道史
1123 天皇は本当にただの象徴に堕ちたのか　竹田恒泰
1129 物流は世界史をどう変えたのか　玉木俊明
1130 なぜ日本だけが中国の呪縛から逃れられたのか　石　平
1138 吉原はスゴイ　堀口茉純
1141 福沢諭吉　しなやかな日本精神　小浜逸郎
1142 卑弥呼以前の倭国五〇〇年　大平　裕
1152 日本占領と「敗戦革命」の危機　江崎道朗
1160 明治天皇の世界史　倉山　満
1167 吉田松陰『孫子評註』を読む　森田吉彦
1168 特攻　知られざる内幕　戸高一成［編］
1176 「縄文」の新常識を知れば 日本の謎が解ける　関　裕二
1177 「親日派」朝鮮人　消された歴史　拳骨拓史
1178 歌舞伎はスゴイ　堀口茉純
1181 日本の民主主義はなぜ世界一長く続いているのか　竹田恒泰
1185 戦略で読み解く日本合戦史　海上知明
1192 中国をつくった12人の悪党たち　石　平
1194 太平洋戦争の新常識　歴史街道編集部［編］
1197 朝鮮戦争と日本・台湾「侵略」工作　江崎道朗
1199 関ヶ原合戦は「作り話」だったのか　渡邊大門
1206 ウェストファリア体制　倉山　満
1207 本当の武士道とは何か　菅野覚明
1209 満洲事変　宮田昌明
1210 日本の心をつくった12人　石　平
1213 岩崎小彌太　武田晴人
1217 縄文文明と中国文明　関　裕二
1218 戦国時代を読み解く新視点　歴史街道編集部［編］
1228 太平洋戦争の名将たち　歴史街道編集部［編］
1243 源氏将軍断絶　坂井孝一
1255 海洋の古代日本史　関　裕二

［**宗教**］

123 お葬式をどうするか　ひろさちや
300 梅原猛の『歎異抄』入門　梅原　猛
849 禅が教える 人生の答え　枡野俊明
955 どうせ死ぬのになぜ生きるのか　名越康文